CURSO DE ESPAÑOL PARA EXTRANJEROS

nuevo ele

inicial 1

LIBRO DEL ALUMNO

Virgilio Borobio

sm

Melanie Ashworth

'03

Proyecto didáctico
Equipo de idiomas de Ediciones SM

Autor
Virgilio Borobio
Con la colaboración de Ramón Palencia

Diseño de interiores
Leyre Mayendía y Alfredo Casaccia

Diseño de cubierta
Alfonso Ruano y Julio Sánchez

Maqueta
Estudio editorial Alfredo Casaccia

Fotografías
Créditos Fotográficos
A. Crickway, M. Crabstree, M. Shenley, T. Wood / CAMERA PRESS - ZARDOYA; AGE FOTOSTOCK; AISA; Alan Pappe; Albert Heras, R. Raventos Klein, Kurwenal / PRISMA; Andrés Marín; Archivo SM; B. Ashok; C. Rubio, Carrusan, D. Joyner / CONTIFOTO; Carlos Roca; CMCD; David Buffington; DIGITALVISION; Don Tremain; Doug Menuez; Emma Lee; Fernando López Aranguren; FIRO FOTO; Frederic Cirou; G. Sánchez, J.L. Jaén, Javier Prieto, / COVER; Ignacio Ruiz Miguel; Javier Calbet; J. M. Navia; J. M. Ruiz; Jose Vicente Resino; J. Slocomb, TOPHAM / CORDON PRESS; Jack Hollingsworth; John A. Rizzo; Julio Sánchez; KEVIN PETERSON PHOTO; KEYSTONE / INCOLOR; Luis Alcalá / EFE; Luis Castelo; Marieta Pedregal; Mark Shelley; Martial Colomb; Olivier Boe; Pedro Carrión; SEXTO SOL / PHOTODISC; PHOTOLINK; RADIAL PRESS; Russell Illig; Sonsoles Prada; Scott T. Baxter; Ginies / SIPA PRESS; STOCK PHOTOS; STOCKTREK; Xurxo Lobato; Yolanda Álvarez.

Ilustración
Julio Sánchez

Coordinación editorial
Aurora Centellas

Dirección editorial
Michelle Crick

ISBN:84-348-7665-5 / Déposito legal: M-33803-2001
Gráficas Monterreina, SA - Impreso en España / Printed in Spain

introducción

NUEVO ELE es un curso de español dirigido a estudiantes **adolescentes y adultos**, y diseñado para ayudar a alcanzar un grado de competencia lingüística que permita la comunicación eficaz:

- Para poder responder en cualquier situación de lengua hablada (conversación informal, trato en el ámbito profesional, etc.).
- Para poder comprender textos escritos (mensajes cortos, artículos periodísticos, lecturas técnicas, literatura, etc.).
- Para poder acceder a cualquier examen oficial de español como lengua extranjera (D.E.L.E., escuelas oficiales de idiomas o cualquier universidad).

Nuevo ELE inicial 1 está estructurado en tres bloques, cada uno de ellos formado por cinco lecciones más otra de repaso. Cada lección tiene un centro de interés diferente y siempre funcional.

Todas las lecciones cuentan con un apartado en el que, bajo el título de «Descubre España y América Latina», se incluyen temas relacionados con ambas culturas y, relacionados en su mayoría con los contenidos lingüísticos y temáticos tratados en dichas lecciones.

En cada lección se presenta un cuadro final («Recuerda») donde se enuncian las **funciones comunicativas** tratadas en las mismas, con sus respectivos exponentes lingüísticos y los aspectos gramaticales que éstos conllevan.

Al final del libro se incluye un resumen de todos los contenidos gramaticales del curso («Resumen gramatical»).

¿Cómo utilizar este libro?

Nuevo ELE inicial 1 consta de 15 lecciones organizadas en torno a tres grandes bloques, a cada uno de los cuales sigue un Repaso en el que se revisan los principales contenidos tratados anteriormente. Partiendo de una visión comunicativa de la lengua y del proceso de aprendizaje, se ofrecen al estudiante muestras de lengua y actividades que le permiten adquirir las herramientas necesarias en un nivel inicial para desenvolverse con facilidad en situaciones de comunicación diversas. Al mismo tiempo se propicia la autonomía del alumno mediante actividades en las que se potencia el uso de estrategias.

Presentación. Práctica de las destrezas orales

En la primera página se presentan al estudiante los **objetivos comunicativos** que va a alcanzar en la lección para que desde el primer momento se haga consciente de ellos.

La **presentación** del tema se realiza mediante fotografías, dibujos y muestras de lengua que, principalmente, tienen como objetivo activar los conocimientos previos del estudiante y anticipar los nuevos contenidos que se van a trabajar a lo largo de la lección.

En las siguientes páginas se introducen las actividades mediante las que, de forma gradual, el estudiante va adquiriendo los contenidos lingüísticos y léxicos necesarios para alcanzar los objetivos especificados en la lección. Son fundamentalmente actividades de comprensión y expresión oral que el estudiante realiza mediante la interacción con sus compañeros en el aula, pero también actividades en las que trabaja de forma individual para fijar contenidos específicos.

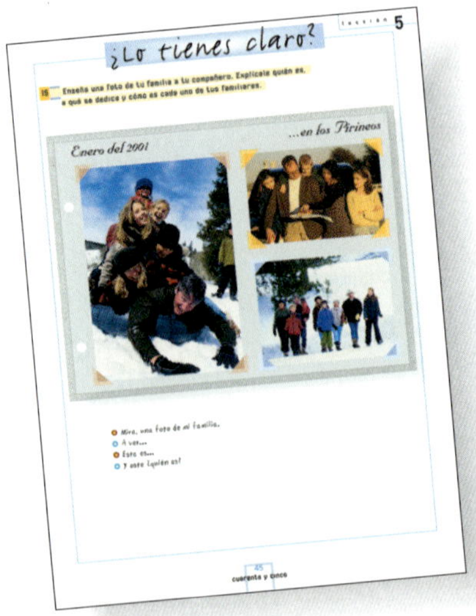

La sección *¿Lo tienes claro?* propone una **tarea** integradora de los contenidos vistos en la lección, en la que el estudiante elabora un producto mediante un proceso de negociación con sus compañeros. Este apartado introduce al alumno en el desarrollo de la expresión escrita.

Cuadro de pronunciación: con actividades en las que se trabajan aspectos como el acento, la pronunciación de sonidos concretos o la entonación a partir de un modelo de lengua.

Cuadro gramatical: en el que, de forma clara y sencilla, se recogen los principales contenidos lingüísticos, como un apoyo al que el estudiante puede acudir si lo necesita para realizar las actividades propuestas.

Contenidos socioculturales. Práctica de las destrezas escritas

La sección **Descubre España y América Latina** trata diversos aspectos socioculturales de países donde se habla español. Las actividades propuestas están encaminadas fundamentalmente a desarrollar la comprensión lectora, a partir de textos y fotografías para cuya selección se ha tenido muy en cuenta la motivación del estudiante. Por ello aparecen temas muy variados, que van desde el Arte o las tradiciones hasta la vida cotidiana actual.

La lección termina con un cuadro **Recuerda** en el que se sintetizan los objetivos comunicativos, los contenidos gramaticales y léxicos presentados, con ejemplos y referencias al **Resumen Gramatical** que cierra el libro.

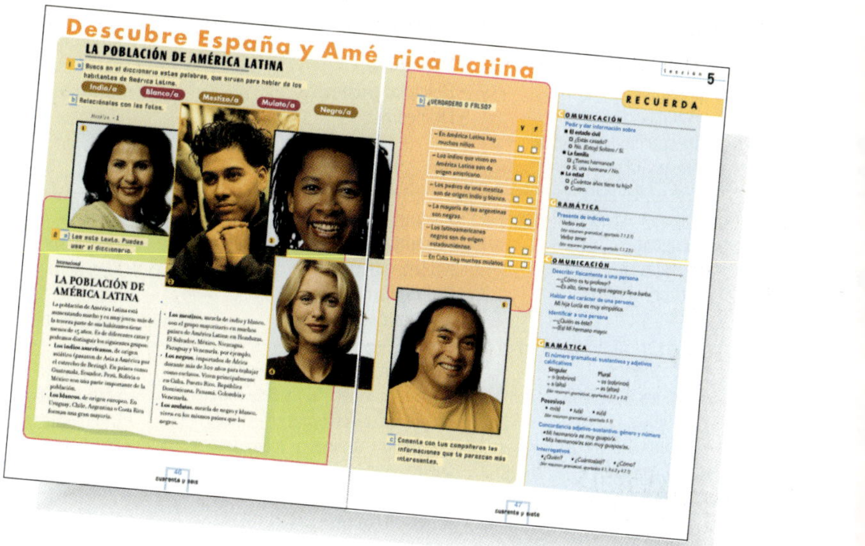

Y cada cinco lecciones, repaso

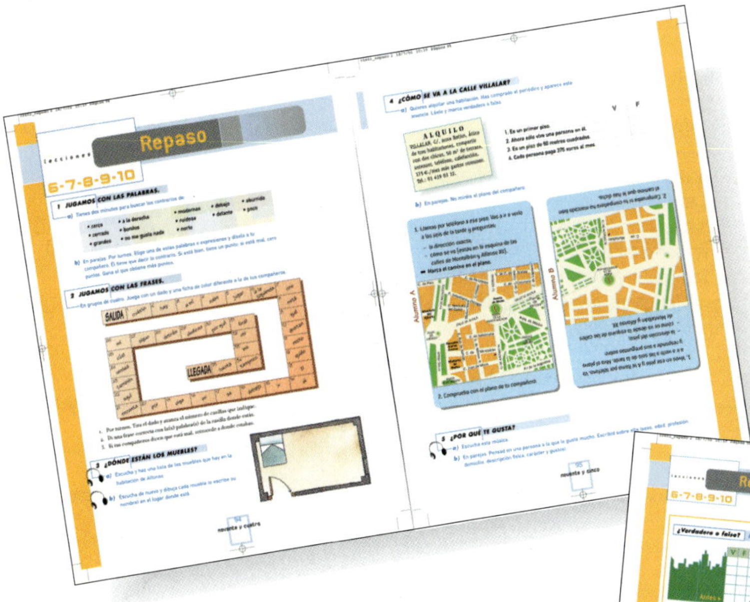

Finalmente, cada cinco lecciones hay un **Repaso** de los contenidos gramaticales, léxicos y culturales vistos a lo largo de las cinco unidades previas. Esta sección tiene un doble objetivo: por una parte, reforzar los contenidos mediante una serie de actividades que se incluyen en la primera doble página. Por otra, profundizar en el desarrollo de las destrezas mediante la realización de una tarea con la que el estudiante pone en funcionamiento todos los conocimientos adquiridos.

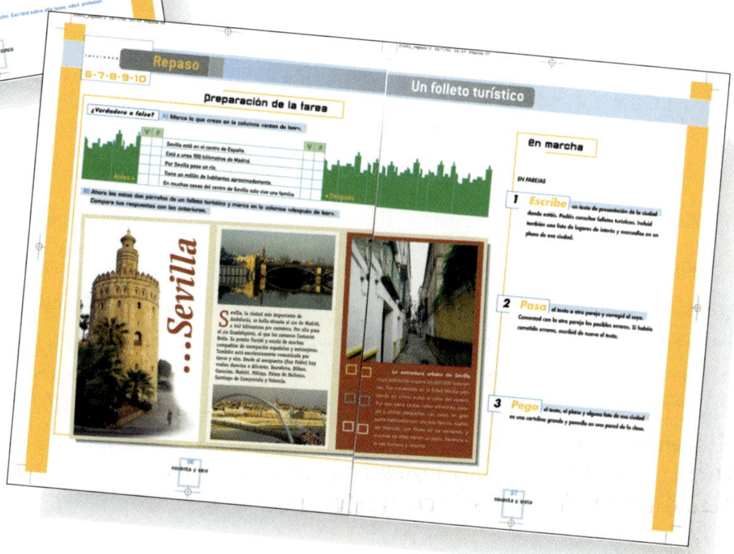

Contenidos del libro

	TEMAS Y VOCABULARIO	OBJETIVOS COMUNICATIVOS	GRAMÁTICA	PRONUNCIACIÓN	DESCUBRE ESPAÑA Y AMÉRICA LATINA
lección 1	• Saludos (1). • El nombre. • El alfabeto. • Ayudas (1). • Instrucciones de clase. • Despedidas.	• Saludar. • Presentarse. • Deletrear palabras. • Despedirse.	• Pronombres personales sujeto (yo – tú). • Presente de indicativo: verbo *llamarse*. (1.ª y 2.ª persona del singular).	• Pronunciación del alfabeto.	• Palabras Internacionales
lección 2	• Países y nacionalidades. • Lenguas. • Ayudas (2). • Números 0-20.	• Preguntar y decir la nacionalidad. • Preguntar y decir qué lenguas se hablan. • Pedir información léxica y ortográfica.	• Presente de indicativo singular: verbos *ser* y *hablar*. • El género gramatical adjetivos de nacionalidad. • Interrogativos: ¿Dónde? ¿Qué?	• El acento.	• El español en el mundo.
lección 3	• Profesiones. • Lugares de trabajo. • Estudios. • Números 21-100. • La dirección. • El teléfono.	• Preguntar y decir la profesión. • Preguntar y decir dónde se trabaja. • Preguntar y decir qué se estudia. • Preguntar y decir el número de teléfono y de fax. • Preguntar y decir la dirección de correo electrónico.	• Presente de indicativo singular: verbos *trabajar, estudiar, vivir* y *tener*. • Interrogativos: *¿Qué?* • El sustantivo: género gramatical. • Artículos indeterminados: *un, una*.	• Entonación en preguntas y respuestas.	• El trabajo en España
lección 4	• Saludos (2). • Presentación de una tercera persona. • El tratamiento.	• Presentar a alguien. • Saludar en una presentación y responder al saludo.	• Artículos determinados: *el, la*. • Pronombres demostrativos: *éste, ésta*. • Artículo contracto *al*. • Presencia / ausencia del artículo determinado en las formas de tratamiento. • *Tú – usted*: segunda persona singular del presente de indicativo de los verbos *ser, estar, llamarse, hablar, trabajar, estudiar, vivir* y *tener*.	• El sonido /r̄/	• Uso de tú, usted y vos.
lección 5	• La familia. • El estado civil. La edad. • Descripciones físicas de personas. • Colores. • El carácter. • Identificación de personas.	• Hablar sobre la familia, el estado civil y la edad. • Describir físicamente a una persona. • Hablar del carácter de una persona. • Identificar a una persona.	• El número gramatical. • Posesivos: formas átonas. • Concordancia del adjetivo con el sustantivo en género y número. • Presente de indicativo: - Verbos *estar* y *tener*. - Verbos *ser, hablar, trabajar, estudiar* y *vivir* (tercera persona del plural). • Interrogativos: *¿Quién? ¿Cuántos/as? ¿Cómo?* • Cuantificadores: *muy, bastante*.	• Entonación en preguntas y respuestas.	• La población de América Latina.

Repaso 1 — **1-2-3-4-5** — **Tarea complementaria: Redactar un texto sobre un compañero.**

	TEMAS Y VOCABULARIO	OBJETIVOS COMUNICATIVOS	GRAMÁTICA	PRONUNCIACIÓN	DESCUBRE ESPAÑA Y AMÉRICA LATINA
lección 6	• Objetos. • Números 101-10.000. • Monedas y billetes. • De compras.	• Expresar existencia. • Pedir cosas en una tienda. • Preguntar y decir cuál es la moneda de un país. • Preguntar el precio.	• Artículos indeterminados. • Adjetivos y pronombres demostrativos. • Interrogativos: *¿Cuál? ¿Cuánto?*	• La sílaba.	• Los mercados de artesanía en Perú.
lección 7	• El pueblo o la ciudad. • Situación geográfica. • Números a partir del 10.001.	• Describir una población. • Hablar de la situación geográfica. • Hablar del número de habitantes. • Hablar de los aspectos relevantes de una ciudad.	• Preposiciones y adverbios de lugar: *en, cerca (de), lejos (de)*. • Algunos usos de los verbos *ser* y *estar*. • Interrogativos: *¿Cuántos? ¿Cuál?*	• /θ/ /k/	• Geografía de América Latina.

	TEMAS Y VOCABULARIO	OBJETIVOS COMUNICATIVOS	GRAMÁTICA	PRONUNCIACIÓN	DESCUBRE ESPAÑA Y AMÉRICA LATINA
lección 8	• La casa. • Mi habitación. • Los muebles.	• Describir una casa. • Describir una habitación.	• Preposiciones y adverbios de lugar. • *Hay – está (n)*	• La sílaba fuerte.	• La vivienda en España.
lección 9	• Lugares públicos. • La hora. • Días de la semana. • Horarios públicos.	• Preguntar por la existencia y ubicación de lugares públicos. • Informar sobre distancias. • Dar instrucciones para ir a un lugar. • Preguntar y decir la hora. • Preguntar e informar sobre horarios públicos.	• *Un - uno.* • Imperativo afirmativo, singular. • Preposiciones: *a, de, por.*	• /x/ - /g/	• Horarios públicos en España.
lección 10	• Deportes y actividades de tiempo libre (1). • Gustos personales.	Expresar gustos personales. Expresar coincidencia y diferencia de gustos. Expresar diversos grados de gustos personales.	• Verbos *gustar* y *encantar*, formas y usos. • Pronombres de objeto indirecto. • Adverbios: *también, tampoco, sí, no.*	• La sílaba fuerte.	• Música española y latinoamericana.

Repaso 2 6-7-8-9-10 **Tarea complementaria: Elaborar un folleto turístico.**

	TEMAS Y VOCABULARIO	OBJETIVOS COMUNICATIVOS	GRAMÁTICA	PRONUNCIACIÓN	DESCUBRE ESPAÑA Y AMÉRICA LATINA
lección 11	• Un día normal. • Acciones habituales.	• Hablar de hábitos cotidianos.	• Presente de indicativo, singular: - verbos regulares. - verbos irregulares (*ir, empezar, volver, acostarse, hacer, salir*). • Pronombres reflexivos: *me, te, se.*	• El acento tónico en las formas del presente de indicativo singular.	• Forges y el humor.
lección 12	• El fin de semana. • Deportes y actividades de tiempo libre (2). • Tareas de la casa.	• Hablar de hábitos y actividades del fin de semana. • Decir con qué frecuencia hacemos cosas.	• Presente de indicativo, singular y plural: - verbos regulares. - verbos irregulares (*acostarse, volver, hacer, salir, ir*). • Pronombres reflexivos: *nos, os, se.*	• *ai – ei* • El acento tónico en las formas del presente de indicativo plural.	• La teleadicción.
lección 13	• Estados físicos y anímicos. • Partes del cuerpo. • Enfermedades. • Remedios.	• Preguntar a alguien cómo se siente. • Decir cómo se siente uno mismo. • Expresar dolor. • Ofrecer cosas y aceptarlas o rechazarlas. • Hacer sugerencias y aceptarlas o rechazarlas.	• *Muy – mucho.* • Verbo *doler*; formas y usos. • Frases exclamativas: *¡Qué...!* • Presente de indicativo irregular: alternancia *e – ie.*	• Entonación de frases afirmativas, interrogativas y exclamativas.	• Tu ritmo de vida.
lección 14	• Al teléfono. • Espectáculos. • Invitaciones. • Citas.	• Iniciar una conversación telefónica. • Hablar de espectáculos: horarios y lugares. • Hacer una invitación y aceptarla o rechazarla • Concertar citas.	• *Querer* + infinitivo. • *Poder* + infinitivo. • Presente de indicativo irregular: alternancia *o – ue.*	• Entonación en frases afirmativas e interrogativas.	• Películas de España y América Latina.
lección 15	• Acciones habituales (2). • Actividades de tiempo libre (3).	• Hablar del pasado: expresar lo que hicimos ayer.	• Pretérito indefinido: - verbos regulares. - verbos irregulares (*hacer, venir, ir, ser, estar*).	• La sílaba fuerte.	• El nombre de Argentina.

Repaso 3 11-12-13-14-15 **Tarea complementaria: Escribir un diario.**

lección
PREPARATORIA
1

Saludos y presentaciones

OBJETIVOS
- Saludar
- Presentarse
- Deletrear
- Despedirse

1 a) Escucha y lee.

- ¡Hola! ¿Cómo te llamas?
- (Me llamo) Sara. ¿Y tú?
- (Yo me llamo) Carlos.

b) Escucha y repite.

c) Practica con tu compañero.

2 Preséntate y saluda a tus compañeros.

- Me llamo... ¿Y tú?
- (Yo me llamo) ...
- ¡Hola!
- ¡Hola!

El alfabeto

3 a) Escucha e identifica las letras.

a b c ch d e f g
h i j k l ll m
n ñ o p q r s t
u v w x y z
A B C Ch D E F G
H I J K L LL M
N Ñ O P Q R S T
U V W X Y Z

b) Escucha y repite.

c) ¿Qué letras no existen en tu lengua? Díselo a tu profesor.

PRONUNCIACIÓN

4 Escucha y marca con una cruz la letra que oigas.

e ☐	h ☐	k ☐
c ☐	g ☐	x ☐
v ☐	i ☐	ch ☐
q ☐	z ☐	j ☐
s ☐	b ☐	

5 Escucha y subraya los nombres que oigas.

• Paco	• Paca
• Luisa	• Luis
• Paula	• Pablo
• Félix	• Felisa
• Manuela	• Manolo
• Juana	• Juanjo
• Gema	• Chema

6 a) Lee y subraya nombres y apellidos.

LA ESCRITORA ISABEL ALLENDE, ESTA NOCHE EN TELEVISIÓN

EL DIRECTOR DE CINE PEDRO ALMODÓVAR, CANDIDATO A "HOMBRE DEL AÑO"

EL ESCRITOR COLOMBIANO GABRIEL GARCÍA MÁRQUEZ HABLA DE SU PRÓXIMA NOVELA

MONTSERRAT CABALLÉ, UNA GRAN VOZ Y UNA GRAN MUJER

b) Ahora escribe un nombre y un apellido. Deletréaselos a tu compañero.

7 a) Observa los dibujos.

b) Escucha y repite.

- ¿Cómo se escribe?
- No entiendo. ¿Puedes repetir, por favor
- ¿Está bien así?
- No.
- Sí.

8 a) Lee los diálogos.

- ¿Cómo te llamas?
- Paul.
- ¿Y tu apellido?
- Kruse.
- ¿Cómo se escribe?
- K-R-U-S-E.
- ¿Cómo? ¿Puedes repetir, por favor?
- K-R-U-S-E.
- ¿Está bien así?
- No.

- ¿Cómo te llamas?
- Paul.
- ¿Y tu apellido?
- Kruse.
- ¿Cómo se escribe.
- K-R-U-S-E.
- ¿Está bien así.
- Sí.

b) Pregunta a tu compañero cómo se llama. Escribe su nombre y apellido.

Instrucciones

9 a) Mira los dibujos, escucha y lee.

b) Escucha las instrucciones de tu profesor y actúa.

10 a) Mira el dibujo.

b) Ahora despídete de tus compañeros.

Descubre España y Amé

PALABRAS INTERNACIONALES

1 a) Observa las fotos y lee las palabras.

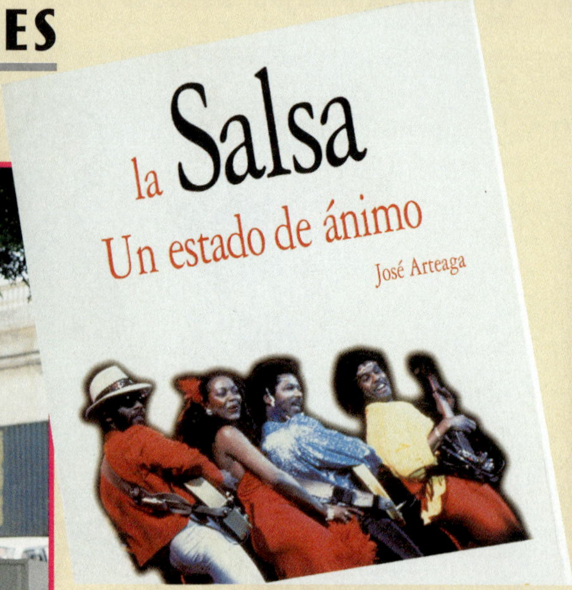

tango

b) Di las palabras en voz alta.

c) Escucha y comprueba.

rica Latina

tomate

d] ¿Cuáles de estas palabras crees que son de origen latinoamericano? ¿Por qué?

e] ¿Conoces otras palabras en español? Escríbelas.

RECUERDA

COMUNICACIÓN

Saludar
- *¡Hola!*
- *Buenos días.*
- *Buenas tardes.*
- *Buenas noches.*

Despedirse
- *Adiós.*
- *Hasta mañana.*

Preguntar y decir el nombre
- □ ¿Cómo te llamas?
- ○ *(Me llamo) Ana.*

GRAMÁTICA

Pronombres personales sujeto

Singular	
1.ª persona	2.ª persona
yo	tú

(Ver resumen gramatical, apartado 8.1).

Verbo llamarse: presente de indicativo
- (Yo) Me llamo.
- (Tú) Te llamas.

(Ver resumen gramatical, apartados 7.1.1 y 8.4).

COMUNICACIÓN

Ayudas
- *¿Cómo se escribe?*
- *No entiendo.*
- *¿Puedes repetir, por favor?*
- *¿Está bien así?*

lección
PREPARATORIA

2

Origen y procedencia

OBJETIVOS

- Preguntar y decir la nacionalidad
- Preguntar y decir qué lenguas se hablan
- Pedir información léxica y ortográfica

1 ¿Qué países te sugieren estos nombres?

- Paola
- Carmen
- Cécile
- Ingemar
- Helmut
- Masako
- Mohammed
- Sally
- João

1. Japón
2. Portugal
3. Argentina
4. Italia
5. Estados Unidos
6. Suiza
7. Suecia
8. Egipto
9. Inglaterra
10. Francia
11. Holanda
12. España
13. Alemania
14. México
15. Brasil

Paola → *Italia.*

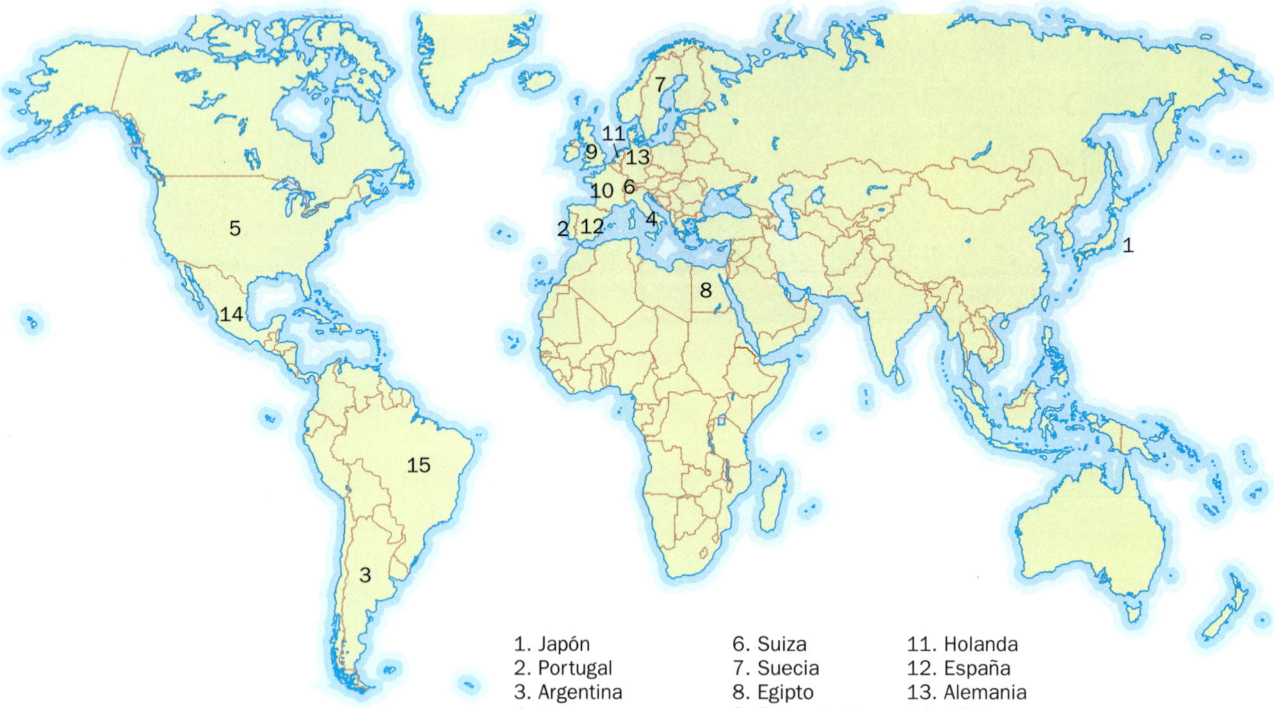

1. Japón
2. Portugal
3. Argentina
4. Italia
5. Estados Unidos
6. Suiza
7. Suecia
8. Egipto
9. Reino Unido
10. Francia
11. Holanda
12. España
13. Alemania
14. México
15. Brasil

PRONUNCIACIÓN

El acento

2 a) Intenta leer los nombres de estos países.

Japón	Argentina	México
Portugal	Italia	
	Suiza	
	Suecia	
	Egipto	
	Inglaterra	
	Francia	
	Holanda	
	España	
	Alemania	
	Estados Unidos	

b) Escucha y comprueba.

3 Relaciona países con adjetivos de nacionalidad.

PAÍSES	NACIONALIDADES
1. México	A. Sueca
2. Argentina	B. Estadounidense
3. Italia	C. Inglés
4. Estados Unidos	D. Holandesa
5. Suiza	E. Mexicano
6. Suecia	F. Japonés
7. Egipto	G. Española
8. Inglaterra	H. Argentina
9. Francia	I. Francesa
10. Japón	J. Italiana
11. Holanda	K. Portuguesa
12. Portugal	L. Suiza
13. Alemania	M. Egipcia
14. España	N. Brasileño
15. Brasil	Ñ. Alemán

4 Completa la columna.

PAÍS	NACIONALIDAD	
México	mexicano	mexicana
Argentina	argentino	....
Italia	italiano	...
Brasil	brasileño	...
Egipto	egipcio	...
Suiza	suizo	...
Suecia	sueco	...
Inglaterra	inglés	inglesa
Francia	francés	francesa
Japón	japonés	...
Holanda	holandés	...
Portugal	portugués	...
España	español	española
Alemania	alemán	alemana
Estados Unidos	estadounidense	...

FÍJATE EN LA GRAMÁTICA

Gentilicios

Observa y completa con los adjetivos de nacionalidad de la actividad 4.

Masculino / Femenino	
–ano / –ana	mexicano, mexicana
–es / –esa	....
–eño / –eña	....
–ense	....
otros	....

5 a) Lee el diálogo.

- ¿De dónde eres?
- Soy francesa, de París. ¿Y tú?
- (Yo soy) Alemán, de Frankfurt.

b) Ahora practica con tus compañeros.

6 ¿De dónde es? Mira las fotos y pregunta a tu compañero.

- ¿De dónde es Carlos Fuentes?
- Es mexicano. ¿Y Antonio Banderas?
- Es español / No sé.

• Luciano Pavarotti

• Carlos Fuentes

• Antonio Banderas

• Catherine Deneuve

• Julia Roberts

• Sonia Braga

7 a) Lee el diálogo.

- ¿Qué lengua hablas?
- (Hablo) Español y francés. ¿Y tú?
- (Yo hablo) Español, inglés y alemán.

b) Escucha y repite.

c) Ahora practica con tu compañero.

8 Pregunta a tu compañero la lengua que se habla en:

- Jamaica.
- Mónaco.
- Nicaragua.
- Brasil.
- Nueva Zelanda.
- San Marino.
- Colombia.
- Uruguay.
- Austria.

- ¿Qué lengua se habla en Jamaica?
- (Se habla) Inglés / No sé.

Ayudas

9 a) Observa estos dibujos.

b) Escucha y repite.

- ¿Como se dice «nice» en español?
- No sé.
- Más despacio, por favor.
- Más alto, por favor.

responde

10 Escucha y actúa.

11 Elige dos palabras de tu lengua y pregunta a tu compañero cómo se dicen y cómo se escriben en español. Estas frases te servirán de ayuda:

Se dice...

¿Cómo se escribe?

Más despacio, por favor.

No sé.

¿Está bien así?

¿Cómo se dice... en español?

No.

Sí.

Más alto, por favor.

Los números del 0 al 20

12 a) Escucha y lee los números.

0 Cero	3 Tres	6 Seis	9 Nueve	12 Doce	15 Quince	18 Dieciocho
1 Uno	4 Cuatro	7 Siete	10 Diez	13 Trece	16 Dieciséis	19 Diecinueve
2 Dos	5 Cinco	8 Ocho	11 Once	14 Catorce	17 Diecisiete	20 Veinte

b) Escucha y repite.

13 a) Completa el cartón de bingo con números del 0 al 20.

b) Escucha y marca los números que oigas. Si completas el cartón, di: ¡Bingo!

14 a) Escribe ocho números del 0 al 20.

20 Catorce
11 Veinte
15 Quince
10 Cinco
5
1
19
18

b) Díctaselos a tu compañero.

c) Comprobad.

¿Lo tienes claro?

15 a) Lee lo que dice una persona que ha visitado muchos países.

b) Aquí tienes algunas palabras y frases útiles. Pregúntale al profesor qué significan las que no entiendes.

¿Cómo se dice...? · café (con leche). · cerveza. · agua. · Habitación. · No. · Perdón. · Sí. · Por favor. · ¿Cuánto es? · Gracias. · vino. · bien.

- ¿Cómo se dice, Mexicó o México?
- Se dice México.

c) Relaciona una de las frases o palabras anteriores con la siguiente fotografía.

d) ¿Qué otras palabras de las anteriores asocias a un bar?

e) Si necesitas alguna palabra o frases en español, pregúntaselas al profesor.

EL ESPAÑOL EN EL MUNDO

1 a) Antes de leer ¿VERDADERO O FALSO?

	V	F
En todos los países de Latinoamérica se habla español.	☐	☐
Más de trescientos cincuenta millones de personas hablan español.	☐	☐
El español es la tercera lengua más hablada del mundo.	☐	☐
En España se hablan tres lenguas diferentes.	☐	☐

b] Ahora lee el texto y comprueba las respuestas anteriores.

El español, o castellano, es la lengua oficial de España, pero también se habla en muchos países de América: Argentina, Bolivia, Chile, Colombia, Cuba, Costa Rica, Ecuador, Guatemala, Honduras, México, Nicaragua, Panamá, Paraguay, Perú, El Salvador, Uruguay, Venezuela, así como en Puerto Rico y en algunas zonas de Estados Unidos. También se conserva todavía en Filipinas y entre los judíos sefarditas.

Se calcula que el número de personas que hablan español en el mundo es superior a los 350 millones y por eso es la tercera lengua más hablada del planeta, después del chino y el inglés, y la segunda más internacional. Además, el número de estudiantes de español en el mundo es cada vez mayor.

En el Estado español, además de español, o castellano, se hablan otras lenguas, como el catalán, el gallego y el vasco.

c] ¿Hay algo que te sorprenda? Díselo a tus compañeros.

RECUERDA

COMUNICACIÓN

Preguntar y decir la nacionalidad

- □ ¿De dónde eres?
- ○ *Soy francesa, de París.*
- □ ¿De dónde es?
- ○ *Es argentina, de Buenos Aires.*

GRAMÁTICA

Pronombres personales sujeto

él, ella

(Ver resumen gramatical, apartado 8.1)

Verbo ser: presente de indicativo, singular

(Yo) Soy
(Tú) Eres
(Él/ella) Es

(Ver resumen gramatical, apartado 7.1.2.1)

El género gramatical: adjetivos de nacionalidad

Masculino	Femenino
–o	*–a*
(italiano)	*(italiana)*
–consonante	*–consonante + a*
(francés)	*(francesa)*

(Ver resumen gramatical, apartado 3.1)

COMUNICACIÓN

Preguntar y decir qué lenguas se hablan

- □ ¿Qué lenguas hablas?
- ○ *(Hablo) Inglés y francés.*

GRAMÁTICA

Verbo hablar: presente de indicativo, singular

(Yo) Hablo
(Tú) Hablas
(Él/ella) Habla

(Ver resumen gramatical, apartado 7.1.1)

Interrogativos

- ■ **¿Dónde + verbo?**
  - □ ¿Dónde vives?
  - ○ *En Málaga.*
- ■ **¿Qué + sustantivo?**
  - □ ¿Qué lenguas hablas?
  - ○ *Inglés y alemán.*

(Ver resumen gramatical, apartados 9.4 y 9.2.2)

COMUNICACIÓN

Ayudas

- ¿Cómo se dice «thank you» en español?
- *Más despacio, por favor. / Más alto, por favor. / No sé.*

lección

3

Información personal

OBJETIVOS

- Preguntar y decir la profesión
- Preguntar y decir dónde se trabaja
- Preguntar y decir qué se estudia
- Preguntar y decir la dirección
- Preguntar y decir el número de teléfono

1. Mira las fotos y subraya los nombres de profesiones.

• Ana Ruiz, secretaria

• Carlos Pérez, dependiente

• Luis Milla, camarero

• Javier Soto, periodista

• Marta López, profesora

2. Relaciona profesiones con lugares de trabajo. Puedes usar el diccionario.

• médico →	hospital
• camarero	bar
• profesora	tienda
• dependiente	escuela
• secretaria	periódico
• periodista	oficina

FÍJATE EN LA GRAMÁTICA

Artículo indeterminado

	Masculino		Femenino
Un	bar banco hospital restaurante	Una	tienda escuela oficina universidad

3 a) Escucha y lee.

- ¿Qué haces? ¿Estudias o trabajas?
- Soy médico. Trabajo en un hospital. ¿Y tú?
- Yo soy estudiante.
- ¿Qué estudias?
- Psicología.

b) Escucha y repite.

c) ¿Cómo se dice en español tu profesión y el lugar donde estudias o trabajas? Pregunta al profesor si no lo sabes.

d) Habla con tu compañero sobre sus estudios o su trabajo.

4. Pregunta a seis compañeros y completa el cuadro.

	NOMBRE	PROFESIÓN
1		
2		
3		
4		
5		
6		

5 a) Mira los dibujos y lee. ¿Comprendes?

b) Ahora juega con tus compañeros.

Los números del 20 al 100

6 a) Escucha y repite los números.

20 veinte	**30** treinta	**40** cuarenta	**50** cincuenta	**60** sesenta	**70** setenta	**80** ochenta	**90** noventa	**100** cien

21 veintiuno	**22** veintidós	**23** veintitrés	**24** veinticuatro	**25** veinticinco	**26** veintiséis	**27** veintisiete	**28** veintiocho	**29** veintinueve

31 treinta y uno	**32** treinta y dos	**43** cuarenta y tres	**54** cincuenta y cuatro	**65** sesenta y cinco	**76** setenta y seis

87 ochenta y siete	**98** noventa y ocho	**99** noventa y nueve

b) Escucha e identifica los números.

c) Di estos números: 25 - 44 - 83 - 96 - 37 - 58 - 69 - 75.

7 Escucha los diálogos y elige el número correcto.

A. 50 - 15 B. 14 - 41 C. 2 - 12 D. 30 - 13 E. 91 - 19 F. 76 - 67 G. 18 - 80 H. 16 - 60

8 a) Lee las cartas y subraya las abreviaturas de «calle», «plaza», «avenida», «número», y «paseo».

b) ¿VERDADERO O FALSO?

	V	F
El Instituto Catalán está en la plaza Poesía.	☐	☐
La dirección de Silvia es calle de Ruiseñores, 25, 4.º C	☐	☐
Fernando vive en el número 97 de la avenida Goya.	☐	☐
Tomás no vive en Barcelona.	☐	☐
El código postal de Fernando es el 17014.	☐	☐

PRONUNCIACIÓN

Entonación

9 a) Escucha y lee.

- ¿Dónde vives?
- (Vivo) en la calle de la Libertad.
- ¿En qué número?
- En el 25. Y tú, ¿dónde vives?
- En la calle Galileo, número 40.

b) Escucha y repite.

c) Pregunta a tus compañeros.

10 a) Mira el dibujo y lee.

b) Escucha las cuatro conversaciones y escribe los números de teléfono.

	NOMBRE	NÚMERO DE TELÉFONO
A.	Aeropuerto	91 393 60 00
B.	Estación de autobuses	
C.	Luis Martínez Castro	
D.	Hospital Ramón y Cajal	

11 En parejas. ¿Cuál es el teléfono?

Alumno A

1. Pide al alumno B los números de teléfono que no tienes y escríbelos.

¿Cuál es el teléfono de Radio-Taxi?

2. Comprueba con tu compañero.

Alumno B

1. Responde a tu compañero. Después pídele los números de teléfono que no tienes y escríbelos.

¿Cuál es el teléfono de la policía?

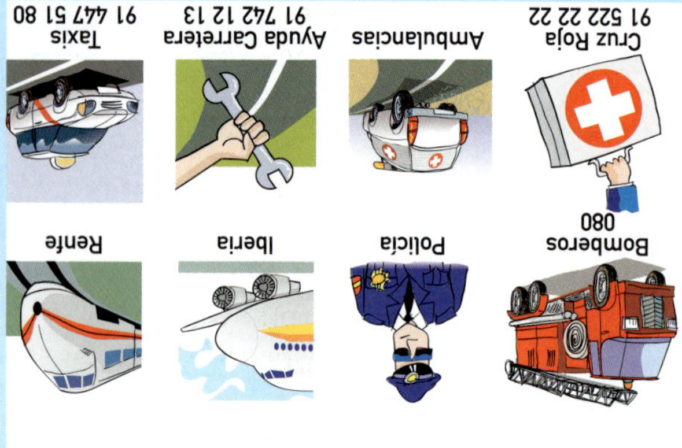

2. Comprueba con tu compañero.

12 Observa estas tarjetas y responde a las preguntas.

JAVIER MOLINA

C/ Covaleda, 51 – 2.° A
28044 Madrid
ESPAÑA
Jmolina@hispánica.es

Tel.: 91 327 38 46
Móvil: 619 24 45 72
Fax: 91 327 45 69

EL SOL

Agencia de viajes - Patricia Moreno - Directora

Avda. Pocuro, 1074
Comuna Providencia
Santiago (CHILE)

Fono: 26 55 32
Fax: 26 51 69
elsol@entelchile.net

1) ¿Cuál es el teléfono de Javier?
2) ¿Tiene móvil?
3) ¿Qué dirección de correo electrónico tiene *El Sol*?
4) ¿Qué fax tiene?

13 a) Escucha y lee.

1

- *¿Qué (número de) teléfono tienes?*
- *El 96 428 41 46. ¿Y tú?*
- *Es un móvil: el 669 20 78 35.*

2

- *¿Tienes fax?*
- *No, pero tengo correo electrónico.*
- *¿Y cuál es tu dirección de correo electrónico?*
- *JImedina@hispánica.es*

b) Escucha y repite.

c) Practica con tu compañero.

¿Lo tienes claro?

14 Escucha y completa la ficha.

CENTRO DE ESTUDIOS FOTOGRÁFICOS

NOMBRE	Miguel
APELLIDOS	Ruiz
NACIONALIDAD	
PROFESIÓN	
DIRECCIÓN	
CIUDAD	Madrid
CÓDIGO POSTAL	
TELÉFONO	91-213 53 54
TELÉFONO MÓVIL	
FAX	
CORREO ELECTRÓNICO	

15 a] Imagina que eres un famoso y completa esta ficha. Inventa los datos que necesites.

NOMBRE	
APELLIDOS	
NACIONALIDAD	
PROFESIÓN	
DIRECCIÓN	
CIUDAD	
CÓDIGO POSTAL	
TELÉFONO	
TELÉFONO MÓVIL	
CORREO ELECTRÓNICO	

b] Habla con «otro famoso» y pídele sus datos personales. Escríbelos.

c] Comprobad.

EL TRABAJO EN ESPAÑA

1 a) Observa el gráfico sobre las actividades profesionales desempeñadas en España. Pregúntale al profesor qué significan las palabras que no entiendas.

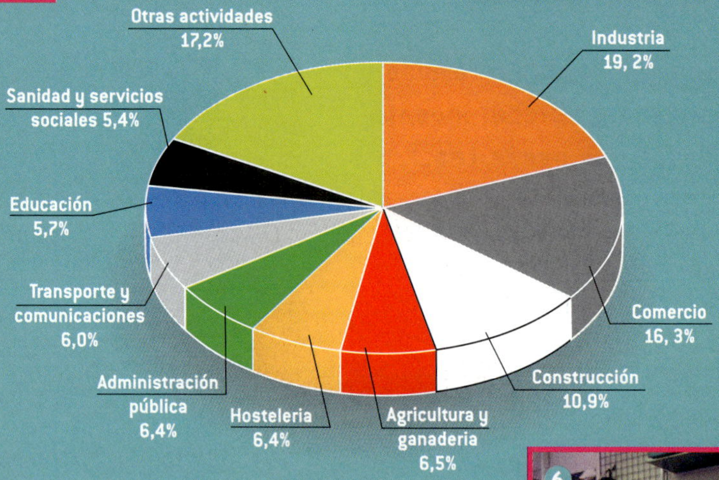

Boletín Mensual de Estadística 104/ 105

b) Relaciona las fotos con las actividades profesionales del gráfico.

Educación → 1

c] Asegúrate de que entiendes estos nombres de lugares de trabajo.

- tienda
- colegio
- fábrica
- oficina
- restaurante
- hospital
- campo

d] Relaciónalos con las fotos.

- *tienda → F*

e] Ahora piensa en las actividades profesionales de tu país.
¿Crees que hay muchas diferencias con España? Díselo a tus compañeros.

RECUERDA

COMUNICACIÓN

Preguntar y decir la profesión

□ ¿Qué haces?
○ *Soy médico.*

GRAMÁTICA

Género del sustantivo: masculino y femenino

- *médico* • *escuela* • *estudiante*

(Ver resumen gramatical, apartado 2.1)

COMUNICACIÓN

Preguntar y decir dónde se trabaja

□ ¿Dónde trabajas?
○ *(Trabajo) En un hospital.*

Preguntar y decir qué se estudia

□ ¿Qué estudias?
○ *(Estudio) Psicología.*

GRAMÁTICA

Artículos indeterminados, singular

Masculino	Femenino
un (un banco)	*una (una tienda)*

(Ver resumen gramatical, apartado 4.2)

Presente de indicativo, singular

Verbo trabajar		Verbo estudiar	
(Yo)	Trabajo	(Yo)	Estudio
(Tú)	Trabajas	(Tú)	Estudias
(Él/ella)	Trabaja	(Él/ella)	Estudia

(Ver resumen gramatical, apartado 7.1.1)

Interrogativos

■ ¿Qué + verbo?

(Ver resumen gramatical, apartado 9.2.1)

COMUNICACIÓN

Preguntar y decir la dirección

□ ¿Dónde vives?
○ *(Vivo) En la calle del Oso.*

□ ¿En qué número?
○ *En el 23.*

Preguntar y decir el número de teléfono

□ ¿Qué (número de) teléfono tienes?
○ *No tengo teléfono / El 318 20 24.*

GRAMÁTICA

Verbo vivir		*Verbo tener*	
(Yo)	Vivo	(Yo)	Tengo
(Tú)	Vives	(Tú)	Tienes
(Él/ella)	Vive	(Él/ella)	Tiene

(Ver resumen gramatical, apartado 7.1.1)

(Ver resumen gramatical, apartado 7.1.2.5)

lección

4

¿Tú o Usted?

OBJETIVOS

- Presentar a alguien
- Saludar en una presentación
- Responder al saludo

1 Observa los dibujos y responde a la pregunta.

¿En qué situación existe una relación formal entre los personajes?

2 Escucha y lee.

1

- Buenos días, señora López. ¿Qué tal está?
- Muy bien, gracias. ¿Y usted?
- Bien también. Mire, le presento a la señorita Molina, la nueva secretaria. La señora López.
- Encantada.
- Mucho gusto.

2

- ¡Hola, Isabel! ¿Qué tal estás?
- Bien. ¿Y tú?
- Muy bien.
- Mira, éste es Alberto, un amigo mío. Y ésta es Ana, una compañera de trabajo.
- ¡Hola! ¿Qué tal?
- ¡Hola!

3 En grupos de tres. Seguid los modelos anteriores y practicad:

a un diálogo informal; usad vuestros nombres.
b un diálogo formal; usad vuestros apellidos.

4 a) Lee los diálogos y cópialos debajo del dibujo correspondiente.

1
- ¿Es usted la señorita Plaza?
- Sí, soy yo.

2
- Adiós, señorita Rubio.
- Hasta mañana, señor Costa.

3
- ¿El señor Cortés, por favor? Soy Antonio Gallego, de S.D.E.
- Un momento, por favor.

4
- Hola, buenos días, señor Sánchez.
- Buenos días, señora Durán.

A

- ....
- ....

B

- ....
- ....

C

- ....
- ....

D

- ....
- ....

b) Escucha y comprueba.

5 Observa de nuevo la actividad 4 y comenta con tu compañero:
¿Cuándo se dice «el señor», «la señora», «la señorita»...?
¿Y «señor», «señora», «señorita»...?

6 ¿Qué dirías en estas situaciones? Escríbelo debajo de cada dibujo.
(Observa las abreviaturas de «señor», «señora» y «señorita».)

....

....

7 Ahora vosotros. En grupos de tres.

La directora saluda al cliente y luego presenta a la secretaria y al cliente.

- **Alumno A:** *Eres la Sra. Salinas, directora de "Motesa".*
- **Alumno B:** *Eres la Sra. Ruiz, secretaria de la Sra. Salinas.*
- **Alumno C:** *Eres el Sr. Puerta, cliente de "Motesa".*

FÍJATE EN LA GRAMÁTICA

Tú - Usted

Tú	Usted
¿Cómo **te** llamas?	¿Cómo **se** llama?
¿De dónde **eres**?	¿De dónde **es**?
Estudi**as** español, ¿verdad?	Estudi**a** español, ¿verdad?
¿Dónde viv**es**?	¿Dónde viv**e**?
¿Tien**es** teléfono?	¿Tien**e** teléfono?

8 Escribe las frases en la columna correspondiente.

- ¿Dónde trabajas?
- ¿Habla alemán?
- ¿Y usted?
- Eres americano, ¿no?
- ¿Qué estudia?
- Hablas francés, ¿verdad?
- ¿Qué tal está?
- ¿Es usted la señorita Alonso?
- ¿Qué haces?
- ¿Qué tal estás?
- ¿Eres estudiante?

TÚ	USTED
¿Dónde trabajas?	

9 Escucha los cinco diálogos y marca «tú» o «usted».

	TÚ	USTED
1.		
2.		
3.		
4.		
5.		

El sonido /r̄/

10 **a)** **Intenta decir estas palabras. ¿Qué tienen en común?**

- *rosa* • *perro* • *Roma* • *corre* • *Enrique* • *Israel* • *alrededor*

b) **Escucha y repite.**

c) **Pronuncia otra vez las palabras de la actividad anterior.**

r	rr
– Al principio de una palabra. • *Rico* – En el interior de una palabra, después de «l», «n», «s». • *Alrededor* • *Enrique* • *Israel*	- Entre vocales. • *Perro*

11 **Ahora lee este trabalenguas en voz alta.**

"El perro de Roque no tiene rabo porque Ramón Rodríguez se lo ha robado".

¿Lo tienes claro?

12 Estás en una fiesta muy formal y no conoces a nadie. Hablas con algunas personas y les haces preguntas sobre su nacionalidad,estudios, lenguas que hablan, el lugar donde viven...

USO DE TÚ, USTED Y VOS

1 a) **Lee este texto sobre el uso de *tú, usted y vos*. Pregúntale al profesor qué significa lo que no entiendas.**

En las relaciones formales se usa **usted** tanto en España como en Hispanoamérica. Sin embargo, en las relaciones informales o de confianza, en España se emplea más **tú**; en Hispanoamérica generalmente se usa mucho más **usted**. Además, el uso de **vos** está generalizado en varios países hispanoamericanos (Argentina, Uruguay y Paraguay son algunos de ellos). Las formas verbales del presente usadas con **vos** en estos países son similares al infinitivo. Aquí tienes algunos ejemplos:

VERBO		VOS
Hablar	→	hablás
Trabajar	→	trabajás
Estudiar	→	estudiás
Tener	→	tenés
Vivir	→	vivís
Ser	→	sos

• Puerto de la Coruña (España)

• Plaza de Quito (Ecuador)

• Bogotá (Colombia)

b) **Lee de nuevo y responde a las preguntas.**

1. ¿Qué se usa en México en las relaciones formales?
2. ¿Qué se emplea en Hispanoamérica en las relaciones informales: **tú** o **usted**?
3. ¿En qué tipo de relaciones se usa **vos**: en las formales o en las informales?
4. ¿Con **vos** y con **tú** se usan las mismas formas verbales del presente?

2 **a]** Observa lo que se puede decir en la misma situación informal en diferentes países.

b] ¿Qué crees que dice en esa situación un ecuatoriano? ¿Y una uruguaya?

3 Completa el cuadro con frases en estilo informal.

Usted	Tú	Vos
¿Dónde estudia?	....	....
....	¿Qué teléfono tienes?	....
....	....	¿Trabajás en un hospital?
¿Usted es médico?	....	....
....	¿Vives en Caracas?	....

RECUERDA

COMUNICACIÓN

Saludar

- Formal: *¿Qué tal está?*
- Informal: *¿Qué tal (estás)?*

Responder al saludo

Formal e informal: *(Muy) Bien, gracias.*

GRAMÁTICA

Pronombres personales sujeto

tú, usted

(Ver resumen gramatical, apartado 8.1)

COMUNICACIÓN

Presentar a alguien

- Formal: *Mire, le presento a la señora Vela.*
- Informal: *Mira, ésta es Luisa.*

Saludar en una presentación

- Formal: *Encantado/a / Mucho gusto.*
- Informal: *¡Hola! (¿Qué tal?) / ¡Hola!*

GRAMÁTICA

Artículos determinados, singular

el, la

(Ver resumen gramatical, apartado 4.1)

Al (a + el) (*Mire, le presento al señor Pérez.*)

Pronombres demostrativos, singular

éste, ésta

(Ver resumen gramatical, apartado 6.2)

Presente de indicativo

Verbo	Tú	Usted
ser	eres	es
estar	estás	está
llamarse	te llamas	se llama
hablar	hablas	habla
trabajar	trabajas	trabaja
estudiar	estudias	estudia
vivir	vives	vive
tener	tienes	tiene

lección

5

Mi familia

OBJETIVOS

- Hablar sobre la familia
- Pedir y dar información sobre el estado civil y la edad
- Describir físicamente a una persona
- Hablar del carácter de una persona
- Identificar a una persona

1 **Mira este dibujo de la familia Chicote y lee las frases que hay a continuación. Subraya los nombres de parentesco y tradúcelos a tu lengua.**

- La mujer de Pablo se llama Ana.
- Carlos es hijo de Ana.
- Marta y Gloria son hermanas de Carlos.
- Gloria es tía de Mercedes.
- Felipe es sobrino de Carlos y Gloria.
- El nieto de Ana se llama Felipe.
- Pablo es abuelo de Mercedes y Felipe.
- El padre de Felipe y Mercedes se llama Juan.

FÍJATE EN LA GRAMÁTICA

Artículo determinado

MASCULINO: el		FEMENINO: la	
• padre	• tío	• madre	• tía
• marido	• sobrino	• mujer	• sobrina
• hijo	• abuelo	• hija	• abuela
• hermano	• nieto	• hermana	• nieta

2 a) Di el nombre de los miembros de la familia Chicote.

- Es el marido de Ana.
- Es la madre de Mercedes.
- Es la abuela de Felipe.
- Tiene dos hermanas.

b) Escribe algunas frases y léeselas a tu compañero. ¿Sabe quién es?

- *Es la hermana de Gloria.*
- *Marta.*

3 Lee el texto y completa el árbol familiar con estos nombres.

• Ángel • Julia • Lucía • Javier • Carmen • Sara • Diego

Antonio y Lucía tienen un hijo, Ángel, que es el mayor, y dos hijas, Carmen y Sara. Ángel y Sara están solteros. En cambio, Carmen está casada con Diego y tienen un hijo, Javier, y una hija, Julia, que son sobrinos de Ángel y Sara.

4 Escucha y di qué miembro de la familia de la actividad 3 está hablando.

5 **Escucha y lee. ¿Entiendes todo?**

Encuestadora: ¿Estás casado?
Ramón: Sí.
Encuestadora: ¿A qué te dedicas?
Ramón: Soy ingeniero.
Encuestadora: ¿Y tu mujer?
Ramón: Es azafata.
Encuestadora: ¿Tenéis hijos?
Ramón: Sí, tenemos una hija.
Encuestadora: ¿Cuántos años tiene?
Ramón: Tres.
Encuestadora: ¿Tienes hermanos?
Ramón: Un hermano y una hermana.
Encuestadora: ¿Y a qué se dedican?
Ramón: Estudian periodismo los dos.
Encuestadora: ¿Y tus padres?
Ramón: Mi padre es abogado, y mi madre, enfermera.

PRONUNCIACIÓN

Entonación

6 **a) Intenta decirlo.**

- ¿A qué te dedicas?
- ¿Y tu mujer?
- ¿Tenéis hijos?
- Tenemos una hija.
- ¿Cuántos años tiene tu hija?
- ¿Tienes hermanos?

b) Escucha y comprueba.

FÍJATE EN LA GRAMÁTICA

Singular - Plural

Escribe las formas verbales que faltan:

SINGULAR	PLURAL
tengo	*tenemos*...............
tienes	....
tiene	....
es	....
está	....
estudia	....
se dedica	....

7 **Escucha esta entrevista para una encuesta y completa la ficha.**

Ficha de encuesta

ESTADO CIVIL	casada
NÚMERO DE HIJOS	
HIJAS	
PROFESIÓN	maestra
PROFESIÓN DEL MARIDO	
DE LA MUJER	
PROFESIÓN DE LOS HIJOS	
DE LAS HIJAS	
NÚMERO DE HERMANOS	
HERMANAS	dos
PROFESIÓN DEL PADRE	está jubilado
DE LA MADRE	

8 **a)** **Haz una ficha como la de la actividad 7 y complétala. No olvides poner tu edad y la de tus familiares. Puedes usar el diccionario.**

b) **Haz preguntas a tu compañero sobre él y su familia. Escribe sus respuestas en un papel.**

- ¿Estás casado?
- Sí.
- ¿Tienes hijos?
- Sí, un hijo.

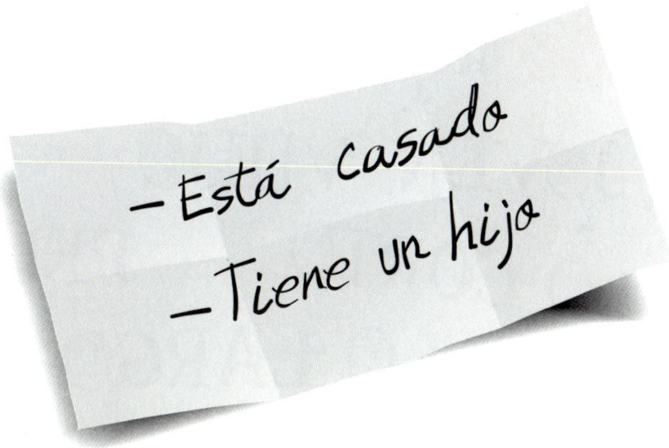

c) **Dale el papel con las respuestas al profesor y pídele el papel de otro compañero.**

d) **Lee en voz alta el papel que te ha dado el profesor hasta que su autor reconozca a su familia.**

Está casado, es profesor y tiene un hijo de 8 años. Tiene una hermana de 29 años.
Su mujer es periodista...

- ¡Es mi familia!

9 Completa esta carta.

Paco, un estudiante de español, va a pasar unos días en tu casa. Tú le escribes una carta y le hablas de tu familia. Puedes usar el diccionario.

(lugar, fecha)
....

¡Hola Paco!
Muchas gracias por tu carta. Me alegra saber que vienes a mi casa el próximo verano.
Mi familia es ....
....
....
....

Hasta pronto
(Firma)
....

10 a) Lee estas palabras. ¿Las entiendes?

gordo delgado rubio moreno GUAPO FEO
JOVEN VIEJO OJOS NEGROS BIGOTE
PELO CORTO PELO RIZADO
PELO LARGO ALTO GAFAS
PELO LISO Barba BAJO

b) Usa las palabras necesarias para describir a estas dos personas.

- Alta, ...
- Bajo, ...

11 Relaciona las descripciones con las fotos.

• Penélope Cruz, actriz

• Sergio García, jugador de golf

• Isabel Allende, escritora

• Federico Luppi, actor

1. Tiene el pelo negro y muy corto. Es muy joven y tiene los ojos marrones.
2. Es alto, delgado y bastante guapo. Tiene el pelo blanco y liso. Es un poco viejo y lleva bigote.
3. Tiene el pelo negro, liso y muy largo. Es delgada y muy joven. Tiene los ojos marrones.
4. De pelo castaño y liso, tiene los ojos marrones. Es alta, ni gorda ni delgada, y no es joven.

12 a) Escribe las palabras de la actividad 10 en la columna correspondiente.

ES	TIENE	LLEVA
joven	ojos marrones	gafas

b) Describe a una persona de la clase y no digas su nombre. ¿Saben tus compañeros quién es?

13 a) Lee este titular de un periódico.

b) Ahora escucha la conversación entre Roberto y el mayordomo y di cuál de estos cuatro hombres es el amigo de Carmen.

c) Piensa en una persona del apartado anterior y descríbesela a tu compañero. ¿Sabe quién es?

14 a) Lee estas palabras y pregunta al profesor lo que significan.

inteligente | tonto | serio | gracioso | simpático | antipático

b) Piensa en un personaje famoso que puedas describir con dos o tres palabras de la actividad 14 a).

c) Ahora descríbeselo a tus compañeros. Háblales de:

- su profesión
- su nacionalidad
- su aspecto
- su carácter.

¿Saben quién es?

- *Es un cantante español. Es moreno y muy alto. Tiene los ojos marrones. Es muy serio y...*
- *¿Es...?*

¿Lo tienes claro?

15 **Enseña una foto de tu familia a tu compañero. Explícale quién es, a qué se dedica y cómo es cada uno de tus familiares.**

- Mira, una foto de mi familia.
- A ver...
- Esta es...
- Y este ¿quién es?

Descubre España y Amé

LA POBLACIÓN DE AMÉRICA LATINA

1 a) Busca en el diccionario estas palabras, que sirven para hablar de los habitantes de América Latina.

Indio/a — Blanco/a — Mestizo/a — Mulato/a — Negro/a

b) Relaciónalas con las fotos.

Mestiza - 1

2 a) Lee este texto. Puedes usar el diccionario.

Internacional

LA POBLACIÓN DE AMÉRICA LATINA

La población de América Latina está aumentando mucho y es muy joven: más de la tercera parte de sus habitantes tiene menos de 15 años. Es de diferentes razas y podemos distinguir los siguientes grupos:

- **Los indios americanos**, de origen asiático (pasaron de Asia a América por el estrecho de Bering). En países como Guatemala, Ecuador, Perú, Bolivia o México son una parte importante de la población.
- **Los blancos**, de origen europeo. En Uruguay, Chile, Argentina o Costa Rica forman una gran mayoría.
- **Los mestizos**, mezcla de indio y blanco, son el grupo mayoritario en muchos países de América Latina: en Honduras, El Salvador, México, Nicaragua, Paraguay y Venezuela, por ejemplo.
- **Los negros**, importados de África durante más de 300 años para trabajar como esclavos. Viven principalmente en Cuba, Puerto Rico, República Dominicana, Panamá, Colombia y Venezuela.
- **Los mulatos**, mezcla de negro y blanco, viven en los mismos países que los negros.

rica Latina

b] ¿VERDADERO O FALSO?

	V	F
– En América Latina hay muchos niños.	☐	☐
– Los indios que viven en América Latina son de origen americano.	☐	☐
– Los padres de una mestiza son de origen indio y blanco.	☐	☐
– La mayoría de las argentinas son negras.	☐	☐
– Los latinoamericanos negros son de origen estadounidense.	☐	☐
– En Cuba hay muchos mulatos.	☐	☐

5

c] Comenta con tus compañeros las informaciones que te parezcan más interesantes.

RECUERDA

COMUNICACIÓN

Pedir y dar información sobre

- **El estado civil**
  - ☐ ¿Estás casado?
  - ○ *No. (Estoy) Soltero / Sí.*
- **La familia**
  - ☐ ¿Tienes hermanos?
  - ○ *Sí, una hermana / No.*
- **La edad**
  - ☐ ¿Cuántos años tiene tu hijo?
  - ○ *Cuatro.*

GRAMÁTICA

Presente de indicativo

Verbo estar

(Ver resumen gramatical, apartado 7.1.2.1)

Verbo tener

(Ver resumen gramatical, apartado 7.1.2.5.)

COMUNICACIÓN

Describir físicamente a una persona

—¿Cómo es tu profesor?

—*Es alto, tiene los ojos negros y lleva barba.*

Hablar del carácter de una persona

Mi hija Lucía es muy simpática.

Identificar a una persona

—¿Quién es éste?

—*(Es) Mi hermano mayor.*

GRAMÁTICA

El número gramatical: sustantivos y adjetivos calificativos

Singular	Plural
– o (sobrino)	– os (sobrinos)
– a (alta)	– as (altas)

(Ver resumen gramatical, apartados 2.2. y 3.2)

Posesivos

- *mi(s)* • *tu(s)* • *su(s)*

(Ver resumen gramatical, apartado 5.1)

Concordancia adjetivo-sustantivo: género y número

- *Mi hermano/a es muy guapo/a.*
- *Mis hermanos/as son muy guapos/as.*

Interrogativos

- *¿Quién?* • *¿Cuántos(as)?* • *¿Cómo?*

(Ver resumen gramatical, apartados 9.1, 9.6.2 y 9.7.1)

lecciones

Repaso

1-2-3-4-5

1 UNA NOTICIA INTERESANTE.

a) Lee la noticia

Juan Manuel Rojo es un empresario uruguayo afincado en Valencia que solo da trabajo a personas mayores de 50 años, a jóvenes en busca de su primer empleo y a padres o madres de familias con más de cuatro hijos. Su empresa, creada en 1984, está dedicada a la fabricación de bicicletas, con resultados «óptimos». Otra particularidad de la empresa es que todo trabajador que deja de fumar ve incrementado su salario en un 5%.

b) Busca en el texto la siguiente información y escríbela.

- Un nombre de persona ....
- El nombre de una ciudad ....
- Un apellido ....
- Una profesión ....
- Tres palabras relacionadas con la familia ....
- Una nacionalidad ....
- Un lugar de trabajo ....

c) Escucha a dos amigos comentar esta noticia y numera las palabras de tu lista que oigas.

2 CUESTIÓN DE LÓGICA.

a) Lee este anuncio del periódico y calcula la edad de cada persona.

GANA ¡UN VIAJE DE TRES DÍAS PARA DOS PERSONAS A PARÍS CON TODO PAGADO!

EL PROBLEMA ES EL SIGUIENTE

- Elena, Carmen y Julio son hermanos.
- Carmen es la mayor.
- Elena tiene 59 años.
- Julio tiene ocho años más que Elena.
- La diferencia entre Carmen y Elena es de 12 años.

Telefonea el lunes a las cinco de la tarde al programa «Lo sé» de **Radio Cero** (Tel. 435 12 15), di la edad exacta de estas personas y gana.

b) Escucha y comprueba.

c) Escucha de nuevo y responde a estas preguntas sobre el ganador.

- ¿Cómo se llama?
- ¿Cuántos años tiene?
- ¿De dónde es?
- ¿Está casado?

3 PALABRAS, PALABRAS

a) Busca en las lecciones 1-5 y escribe:

- Seis palabras que sean parecidas en tu lengua.
- Seis palabras que te gusten.
- Las seis palabras que usas con más frecuencia.

b) Compara con tu compañero. ¿Coincide alguna?

4 JUEGO DE CONTRARIOS

a) En parejas. Elige, por turnos, una de estas palabras y dísela a tu compañero. Él tiene que decir lo contrario. Si está bien, obtiene un punto. Gana el que consigue más puntos.

• viejos • sí • bien • grande • inteligentes
• hombre • profesor • simpática • guapo • delgadas
• casado • menos • rápido • seria • menor

b) Ahora utiliza las palabras anteriores para describir a un compañero de la clase.

5 LAS TRES EN RAYA

En grupos de tres. Por turnos, cada alumno elige una frase y hace la pregunta correspondiente. Si está bien, escribe su nombre en esa casilla. Gana el que tiene tres casillas en raya.

En la calle de Jardines	No sé	Medicina	Alto y lleva barba	Porque
De Málaga	No	Inglés y ruso	Es suizo	258 40 48
Estudio	En la calle de Jardines	Gloria	En una oficina	Bien, gracias. ¿Y usted?
Fernández	Sí, un hijo y una hija	25	T-O-N-T-O	Es maestra

Preparación de la tarea

Lee la siguiente información sobre un personaje famoso.

Mario Vargas Llosa es peruano, pero vive en Londres. Tiene 63 años. Está casado con una prima suya. Su mujer corrige su obra literaria. Es escritor, político y académico. Trabaja en su casa y escribe novelas, ensayos y artículos en prensa. No tiene hermanos. Tiene dos hijos, un hijo y una hija. Es alto y fuerte. Tiene el pelo gris y liso. Es inteligente y un poco serio.

En marcha

1 En parejas. Elige a un compañero al que no conozcas mucho y hazle preguntas para rellenar esta ficha con su información.

¿Cómo te llamas?

2 a) Ahora, de forma individual, usa la información de la ficha y escribe sobre tu compañero. Describe también su carácter y cómo es físicamente.

		Tu compañero
Nombre		
Apellido		
Domicilio		
Edad		
Estado civil		
Profesión		
Lugar de trabajo		
Estudios		
Hermanos	número	
	profesión	
Hermanas	número	
	profesión	
Hijos		
Hijas		

b) Pasa el texto a tu compañero y corrige el suyo.

c) Comentad los posibles errores y corregidlos.

3 En grupos de cuatro. Un alumno dice la información que tiene sobre su compañero. Si comete un error, los otros alumnos le dicen "¡Para!" y continúa uno de ellos. Gana el que está hablando cuando termina el minuto.

4 Dale a tu profesor el texto que has escrito para que lo ponga en una pared de la clase.

lección

6 Objetos

OBJETIVOS

- Expresar existencia
- Pedir cosas en una tienda
- Preguntar y decir cuál es la moneda de un país
- Preguntar el precio

1 a) Busca en el diccionario 4 palabras de esta lista:

- Una mesa.
- Unos sobres.
- Unos libros.
- Una silla.
- Un periódico.
- Unos sellos.
- Un bolso.
- Una agenda.
- Unas llaves.
- Un cuaderno.
- Una postal.
- Un diccionario.
- Unos bolígrafos.
- Una lámpara.
- Un mapa.
- Unas cartas.

b) Pregunta a tus compañeros por el resto.

- *¿Cómo se dice .... en ....?*
- ....
- *No sé.*

2 Observa el dibujo y escribe la palabra correspondiente a cada número.

1 → silla

PRONUNCIACIÓN

¿Cuántas sílabas tiene cada palabra?

3 a) Escucha las palabras y escríbelas en la columna correspondiente.

b) Escucha y comprueba.

c) Escucha y repite.

Me sa	A gen da	Pe rió di co

4 ¿Tienes buena memoria?

Tapa el dibujo de la actividad 2 y di qué hay en la mesa.

- *Hay un mapa*
- *Hay unos bolígrafos*

FÍJATE EN LA GRAMÁTICA

Expresar existencia

Hay
- Un periodico.
- Unos sobres.
- Una agenda.
- Unas cartas.
- Unas postales.

Los números: del 100 al 1.000.000

5 a) Escucha e identifica los números:

100 cien	**200** doscientos	**300** trescientos	**400** cuatrocientos
101 ciento uno	**210** doscientos diez	**321** trescientos veintiuno	**432** cuatrocientos treinta y dos
500 quinientos	**600** seiscientos	**700** setecientos	**800** ochocientos
543 quinientos cuarenta y tres	**654** seiscientos cincuenta y cuatro	**765** setecientos sesenta y cinco	**876** ochocientos setenta y seis
900 novecientos	**1.000** mil	**1.100** mil cien	**2.000** dos mil
987 novecientos ochenta y siete	**1.102** mil ciento dos	**1.098** mil noventa y ocho	**2.323** dos mil trescientos veintitrés
3.000 tres mil	**3.544** tres mil quinientos cuarenta y cuatro	**1.000.000** un millón.	

b) Escucha y repite.

c) Di estos números en voz alta:

103
215
562
741
954
1.035
2.103
5.374
6.599
9.953

d) ¿Qué diferencias hay con tu lengua?

6 Escucha los diálogos y marca los números que oigas.

a)	270	☐	127	☐
b)	130	☐	1300	☐
c)	912	☐	92	☐
d)	66	☐	616	☐
e)	500	☐	50	☐

Pasa la pelota

7 Piensa un número y dilo en voz alta. Después pasa la pelota a un compañero. El que la reciba tiene que invertir el orden de las cifras.

8 a) Observa estos billetes y monedas. ¿Cuántos euros hay?

9 a) Mira esta lista y responde a las preguntas:

- ¿Cuál es la moneda de tu país?
- ¿Está en la lista?

DIVISAS EN EL MUNDO

Moneda	Comprador	Vendedor
Bolívares venezolanos	644,9183	646,1207
Coronas checas	34,8290	34,8720
Coronas danesas	7,4587	7,4657
Coronas eslovacas	43,5778	43,6668
Coronas estonias	15,6344	15,6504
Coronas islandesas	79,7144	79,8412
Coronas noruegas	8,2001	8,2101
Coronas suecas	8,8999	8,9099
Dirhams marroquíes	9,8385	9,8704
Dólares australianos	1,6929	1,6952
Dólares canadienses	1,3902	1,3917
Dólares de Hong Kong	7,1935	7,1969
Dólares de Singapur	1,6062	1,6073
Dólares EE UU	0,9222	0,9227

Moneda	Comprador	Vendedor
Dólares neozelandeses	2,1168	2,1216
Forintos húngaros	264,9300	265,2600
Francos suizos	1,5244	1,5261
Lats letones	0,5710	0,5717
Libras esterlinas	0,6307	0,6314
Litas lituanas	3,6884	3,6936
Pesos filipinos	45,0080	45,7660
Pesos mejicanos	8,9214	8,9299
Rands surafricanos	7,2608	7,2732
Reales brasilenos	1,8188	1,8214
Rublos rusos	26,1555	26,1853
Rupias indias	42,8220	42,9420
Yenes japoneses	107,7500	107,8400
Zlotys polacos	3,8091	3,8154

Unidades por cada euro a las 18:00 horas

b) Pregunta a tu compañero cuál es la moneda de su país.

10 a] Mira las fotos y escribe en qué tiendas venden libros, sellos y bolígrafos.

En una librería venden libros.

b] ¿Qué otras cosas venden en estas tiendas? Dilas.

11 a] Escucha y lee.

- Cliente: *¿Tienen cuadernos?*
- Dependiente: *Sí. Mire, aquí están. Tenemos todos éstos.*
- C.: *¿Puedo ver ese rojo?*
- D.: *¿Éste?*
- C.: *Sí, sí, ése. ¿Cuánto cuesta?*
- D.: *Un euro con setenta y cuatro céntimos.*
- C.: *Vale. Me lo llevo.*

b] Practica el diálogo con tu compañero.

FÍJATE EN LA GRAMÁTICA

Adjetivos demostrativos

	MASCULINO	FEMENINO
SINGULAR	Este	Esta
PLURAL	Estos	Estas

Este bolso — Esta revista
Estos bolsos — Estas revistas

	MASCULINO	FEMENINO
SINGULAR	Ese	Esa
PLURAL	Esos	Esa

Ese diccionario — Esa agenda
Esos diccionarios — Esas agendas

12 **Observa los dibujos y escribe cada frase en la burbuja correspondiente. Mira el modelo.**

- Sí, ésas.
- ¿Éstas?
- ¿Puedo ver esas gafas negras?

- ¿Éste?
- Cincuenta y ocho euros con cuarenta y tres céntimos.
- ¿Cuánto cuesta ese reloj?
- Sí.

¿Lo tienes claro?

13 a] Escucha los dos diálogos y completa el cuadro.

	¿QUÉ QUIERES?	¿CUÁNTO CUESTA?	¿LO COMPRA?
1			
2			

b] Ahora vosotros.

Alumno A

Estás en una papelería y quieres comprar dos cosas, pero solo tienes 5 euros. Decide qué vas a comprar.

Alumno B

Eres el dependiente de una papelería. Piensa en las cosas que vendes y en sus precios.
Luego atiende a los clientes.

Podéis empezar así:

- *Buenos días. ¿Qué desea?*
- *Buenos días. ¿Tienen...?*
  Quiero...

LOS MERCADOS DE ARTESANÍA DE PERÚ

1 a) ¿Sabes qué significa la palabra «mercado»?
Observa las fotos y luego lee el texto; puedes usar el diccionario.

En Perú hay una gran cantidad de mercados de artesanía del país. Muchos de ellos están en la calle. Son muy populares, están abiertos de 9.00 a 21.00 y son de origen prehispánico. En ellos venden artesanía contemporánea y reproducciones de objetos tradicionales de las diferentes civilizaciones prehispánicas de Perú, por ejemplo, de la cultura inca (año 1100-1530 d. C.).

"Plata"

"Oro"

La artesanía peruana tiene influencias prehispánicas y españolas. Es muy variada, de colores muy vivos y muy creativa.
Allí se puede comprar, entre otras cosas:

- Cerámica de estilo moderno o antiguo.
- Jerséis y ponchos peruanos de muchos colores.
- Objetos de oro y plata.
- Flautas andinas, uno de los mayores símbolos de Perú.

"Cerámica"

"Torito de Pucará"

"Jersey"

rica Latina

b] ¿VERDADERO O FALSO?

	V	F
Los mercados incas tienen origen español.	☐	☐
Todos están en la calle.	☐	☐
Allí solo se pueden comprar cosas antiguas.	☐	☐
La artesanía peruana tiene influencias de la civilización inca.	☐	☐

c] ¿Qué es lo que te parece más interesante? Coméntalo con tus compañeros.

RECUERDA

COMUNICACIÓN

Expresar la existencia de algo

- *Hay una revista.*
- *Hay unos libros.*

GRAMÁTICA

Artículos indeterminados

un, una, unos, unas

(Ver resumen gramatical, apartado 4.2)

■ Hay + un/una/unos/unas + sustantivo

- *Hay un bolso.*
- *Hay una postal.*
- *Hay unos ponchos.*
- *Hay unas llaves.*

(Ver resumen gramatical, apartado 10.1)

COMUNICACIÓN

Pedir cosas en una tienda

- *Quiero* | *una agenda.*
- *Quería* | *una agenda.*
- *¿Tienen agendas?*
- *¿Puedo ver esa agenda?*

GRAMÁTICA

Demostrativos

Adjetivos	Pronombres
este, estos	éste, éstos
esta, estas	ésta, éstas
ese, esos	ése, ésos
esa, esas	ésa, ésas

- *¿Cuánto cuesta este bolígrafo?*
- *¿Cuánto cuesta éste?*

(Ver resumen gramatical, apartado 6)

COMUNICACIÓN

Preguntar y decir cuál es la moneda de un país

□ *¿Cuál es la moneda de tu país?*
○ *El dólar.*

Preguntar el precio de algo

¿Cuánto cuesta este diccionario?

GRAMÁTICA

Interrogativos

¿Cuál? ¿Cuánto?

(Ver resumen gramatical, apartados 9.3. y 9.6.1)

lección

7

Mi pueblo Mi ciudad

OBJETIVOS

- Describir una ciudad
- Hablar de la situación geográfica de una ciudad
- Hablar del número de habitantes
- Hablar de los aspectos más relevantes de una ciudad

1 a) Mira las fotos de las ciudades de Barcelona y Antigua. ¿Qué puedes decir de ellas? Busca en el diccionario palabras para describirlas.

b) Relaciona las fotos de Barcelona y Antigua con los siguientes textos:

1

Está en el noreste de España, no muy lejos de Francia, en la costa mediterránea. Tiene un puerto importante y playa. Es una ciudad de origen antiguo, pero también es muy moderna y dinámica. Es muy grande y tiene monumentos y museos que son famosos en el mundo entero.

2

Es una ciudad muy bonita y tranquila que está en el sur del país y muy cerca del océano Pacífico. Es bastante pequeña, pero tiene muchos monumentos históricos de un gran valor artístico. Hay muchas tiendas para comprar recuerdos porque es una ciudad turística.

2 a) En parejas (A-B). Escribid el nombre de ciudades que conozcáis y que incluya:

1. Una ciudad muy grande.
....

2. Una ciudad turística.
....

3. Una ciudad que está en la costa.
....

4. Una ciudad moderna.
....

5. Una ciudad que está en el sur.
....

6. Una ciudad con una playa muy bonita.
....

7. Una ciudad que tiene un museo muy famoso (y el nombre del museo).
....

8. Una ciudad con un monumento muy famoso (y el nombre del monumento).
....

9. Una ciudad aburrida.
....

10. Una ciudad que tiene un parque muy grande (y el nombre del parque).
....

11. Una ciudad que tiene un río muy famoso (y el nombre del río).
....

b) Después, cambiad de parejas (A-A / B-B) y comentad los resultados.

FÍJATE EN LA GRAMÁTICA

Ser - Estar

Para describir una población:	**SER** • *Barcelona es una ciudad de origen antiguo.* • *Antigua es una ciudad pequeña y tranquila.*
Para hablar sobre la situación geográfica de una población:	**ESTAR** • *Barcelona está en el noreste de España.* • *Antigua está en el sur del país, cerca del Océano Pacífico.*

PRONUNCIACIÓN

3 a) Escucha estos nombres de ciudades españolas y escríbelos en la columna correspondiente.

/θ/ (za-ce-ci-zo-zu)	/k/ (ca-que-qui-co-cu)
Zamora …	*Mallorca* …

b) Ahora busca estas ciudades en el mapa de España y comprueba si las has escrito bien.

c) Escucha y repite.

¿Dónde está...?

4 Elige tres ciudades del mapa y pregunta a tu compañero dónde están. Tiene un minuto para buscar cada una de ellas y responder correctamente.

- ¿Dónde está Alicante?
- Está en el sudeste de España, en la costa mediterránea, cerca de Murcia.
- Sí.

5 a) "Ser" o "Estar". Completa estas frases con la palabra adecuada.

... muy antigua.
... en el sur de España.
... cerca de Sevilla.
No ... una ciudad muy importante.
... en la costa atlántica.
... famosa por sus playas.
... lejos de Madrid.
... bastante pequeña.
No ... en el centro de España.

b) Mira otra vez el mapa de España y di qué ciudad puede ser.

6. En grupos de tres o cuatro. Un alumno piensa en una ciudad, y los otros le hacen preguntas para adivinar cuál es. Él sólo puede responder «sí» o «no».

- *¿Está en Europa?*
- *Sí.*
- *¿Está en el norte de Europa?*
- *No.*
- *¿En el sur de Europa?*
- *Sí.*
- *¿Es una ciudad antigua?*
- *Sí.*

Más números

7 a) Escucha e identifica los números:

10.000	diez mil	**1.000.000**	un millón
100.000	cien mil	**1.400.000**	un millón cuatrocientos mil
150.000	ciento cincuenta mil	**2.000.000**	dos millones
200.000	doscientos mil	**12.800.000**	doce millones ochocientos mil
960.000	novecientos sesenta mil	**13.970.000**	trece millones novecientos setenta mil

b) Escucha y repite.

c) Di estos números:

200 - 3.000 - 74.000 - 650.000 - 1.250.000 - 831.000 - 2.500.000 - 9.345.000

8 Relaciona:

3.507.000	unos tres millones y medio.
4.112.000	dos millones aproximadamente.
1.970.000	más de cuatro millones.
2.910.002	casi tres millones.
460.000	menos de medio millón.

9 Pregunta a tu compañero cuál es la capital de su país y cuántos habitantes tiene.

- *¿Cuál es la capital de...?*
- *...*
- *¿Cuántos habitantes tiene?*
- *Más de... / Menos de... / Casi... / ... aproximadamente*

10 En parejas. Juega con las tarjetas sin mirar la del compañero.

Alumno A

1. **Pregunta a tu compañero cuál es la capital de:**
   Perú / Colombia / Nicaragua

   ¿Cuál es la capital de Perú?

   Pregúntale también cuántos habitantes tienen y escríbelo.

2. **Responde a las preguntas de tu compañero.**

3. **Comprueba con el mapa de tu compañero.**

Alumno B

1. **Responde a las preguntas de tu compañero.**

2. **Pregúntale cuál es la capital de:**
   México Bolivia Venezuela

   Pregúntale también cuántos habitantes tienen y escríbelo.

3. **Comprueba con el mapa de tu compañero.**

11 Lugares famosos. Usa las palabras de la lista para decir por qué son famosos estos lugares.

Colombia	vino
La Rioja	café
Pamplona	tabaco
La Mancha	Don Quijote
Málaga	playas
Cuba	fiestas de San Fermín

Colombia es famosa por el café.

¿Lo tienes claro?

12 a) Escucha esta conversación y di cuál es la foto que corresponde a la ciudad o al pueblo del que están hablando.

b) Escucha otra vez y completa el cuadro.

NOMBRE de la ciudad	
SITUACIÓN	
NÚMERO DE HABITANTES	
¿CÓMO ES?	
ES FAMOSA POR...	
¿QUÉ TIENE?	

13 a) Lee estos significados de la palabra «pueblo» y subraya el que has estudiado.

queño o de una aldea. **2** Dicho de una persona, que tiene poca cultura o modales poco finos. □ FAMILIA: →pueblo.

pueblo [sustantivo masculino] **1** Población con pocos habitantes: *En mi pueblo hay muchos agricultores.* **2** Conjunto de personas que viven en un país: *el pueblo español.* **3** Grupo de las personas de un país que no tienen poder: *El pueblo se levantó contra el Gobierno.* □ SINÓNIMOS: **2** nación. FAMILIA: popular, popularidad, popularizar, populoso, poblacho, populacho, pueblerino.

puente [sustantivo masculino] **1** Construcción que sirve para cruzar un río o una carretera: *Este puente es muy estrecho.* páginas 97, ... Día que está entre dos d...

b) Y tú, ¿vives habitualmente en un pueblo o en una ciudad?

14 Haz preguntas a tu compañero sobre su pueblo o su ciudad. Luego háblale del lugar donde vives tú y enséñale las fotos o las postales que tengas.

- *¿De dónde eres?*
- *De...*
- *...*

15 Escribe sobre un pueblo o una ciudad importante, pero no menciones su nombre. Entrégasela a tu profesor y pide otra diferente. ¿Sabes qué pueblo o ciudad es?

Descubre España y Amé

GEOGRAFÍA DE AMÉRICA LATINA

1 a) Lee el texto y complétalo con estas palabras (puedes usar el diccionario):

Andes | Amazonas | Caribe | Suramérica

América Latina está formada por diversos países que fueron colonizados por naciones latinas. Ocupa parte de Norteamérica (México), Centroamérica, varias islas del mar Caribe y la mayor parte de................................ . Su geografía es muy variada.

COSTAS

En casi todos los países hay muchos kilómetros de costa. Puede ser tropical (en el mar ...., por ejemplo), o desértica, como en algunas zonas del norte de Chile.

MONTAÑAS

La cordillera de los ...., que está situada en la parte occidental de América del Sur, va desde Panamá hasta el sur de Chile. Su pico más alto es el Aconcagua (6.960 metros).

RÍOS Y SELVAS

El río .... es el más importante del mundo.

Contiene la quinta parte del agua dulce de la Tierra. Sus selvas ocupan territorios de muchos países de Suramérica y se calcula que en ellas habitan la mitad de las especies vivas del planeta.

Existen también otras grandes selvas en Venezuela (atravesadas por el río Orinoco) y en Centroamérica.

b] Escribe dos preguntas sobre el texto y házselas a tus compañeros.

c] Comenta con tus compañeros las informaciones que te parezcan más interesantes.

RECUERDA

COMUNICACIÓN

Hablar sobre la situación geográfica de una población

- □ ¿Dónde *está* Sevilla?
- ○ En el sur de España. / Al sur de España.
- □ ¿Dónde *está* Lima?
- ○ Entre el Océano Pacífico y la cordillera de los Andes.

GRAMÁTICA

Verbo estar

■ **Localización en el espacio.**

- Granada *está* en Andalucía.

(Ver resumen gramatical, apartado 11.2)

COMUNICACIÓN

Describir una población

- Barcelona *es* una ciudad moderna y tiene playa.
- Quito *es* una ciudad muy antigua.

Decir por qué es famoso un lugar

- Mi pueblo *es* famoso por el vino.

GRAMÁTICA

Verbo ser

■ **Descripción de lugares.**

- Toledo *es* una ciudad antigua muy bonita.
- Lima *es* una ciudad industrial.

■ **Identidad.**

- Bogotá *es* la capital de Colombia.

(Ver resumen gramatical, apartado 11.1)

COMUNICACIÓN

Preguntar y decir cuántos habitantes tiene una ciudad

- □ ¿*Cuántos* habitantes tiene Madrid?
- ○ Más de tres millones.

Preguntar y decir cuál es la capital de un país

- □ ¿*Cuál* es la capital de Cuba?
- ○ La Habana.

GRAMÁTICA

Interrogativos

¿Cuántos? ¿Cuál?

(Ver resumen gramatical, apartado 9.3 y 9.6)

lección

8

Mi casa y mi habitación

OBJETIVOS

- Describir una casa
- Describir una habitación

1 Relaciona las fotos con estos nombres de habitaciones:

A → salón

- salón
- dormitorio
- cuarto de baño
- comedor
- cocina
- estudio

2 **a)** Lee este anuncio. Puedes mirar el diccionario.

b) Escribe lo que sabes sobre ese piso. Usa «está», «es» y «tiene».

VENDO PISO

Plaza Luna, nuevo, exterior, cuatro dormitorios, calefacción, ascensor, garaje, aire acondicionado. Mucha luz, bien comunicado. Muy barato. Tel. 91 275 85 90.

- *Está en la plaza Luna.*
- *Es nuevo.*
- *Tiene cuatro dormitorios.*

3 **Escucha la conversación entre Rosa y un amigo sobre la nueva casa de Rosa. Marca lo que oigas.**

El piso de Rosa tiene: *dos, tres, cuatro habitaciones.*
Está: *en el centro, cerca del centro, lejos del centro.*
Es: *interior, antiguo, tranquilo, bonito, pequeño, grande.*
Da a una calle: *ancha, estrecha, con mucho tráfico.*
Tiene: *teléfono, calefacción, aire acondicionado, mucha luz.*
No tiene: *garaje, ascensor, terraza.*

4 **Ahora, siguiendo el modelo anterior cuenta a tu compañero cómo es tu casa. Luego, toma nota de lo que él te diga sobre su casa.**

5 **a) Busca en el diccionario cinco palabras de la lista:**

- sofá
- frigorífico
- bañera
- ducha
- sillón
- lavabo
- lámpara
- escalera
- cama
- televisión
- estantería
- lavadora
- mesilla
- armario
- cocina eléctrica/de gas

b) Pregunta a tus compañeros por el resto.

c) Escribe debajo de cada dibujo la palabra correspondiente.

Ducha

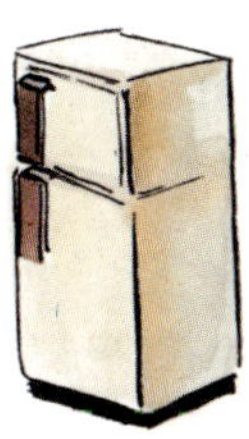

PRONUNCIACIÓN

La sílaba fuerte

6 a) Escucha estas palabras y escríbelas en la columna correspondiente.

□ ■	■ □ □	□ □ ■ □
So fá	Lám pa ra	Es ca le ra

b) Escucha y subraya la sílaba más fuerte de esas palabras.

7 Mira las fotos de la actividad 1 y elige una habitación. Descríbesela a tu compañero. ¿Sabe cuál es?

- *Hay una mesa, unas sillas...*
- *¿Es la cocina?*
- *No. También hay...*
- *¿Es...?*

8 Observa los dibujos y numera las frases.

- [1] Delante de la televisión
- [ ] Entre el lavabo y el inodoro
- [ ] A la izquierda del perro
- [ ] Debajo del sofá
- [ ] En el frigorífico
- [ ] Encima de la mesa
- [ ] Al lado de la lavadora
- [ ] Detrás de la mesilla
- [ ] A la derecha del gato

9 **Un alumno «esconde» su cuaderno en alguna parte de la casa de la actividad 1. Sus compañeros tienen que adivinar dónde está, y para ello le hacen preguntas. Podéis grabarlo.**

- ¿Está en el comedor?
- No.
- ¿Está en el dormitorio?
- Sí.
- ¿Está encima de la cama?
- No

FÍJATE EN LA GRAMÁTICA

Preposiciones

delante de	detrás de
debajo de	encima de
a la izquierda	a la derecha
entre... y	dentro de
al lado de	en
antes de	después de

10 **Escucha y marca la habitación descrita.**

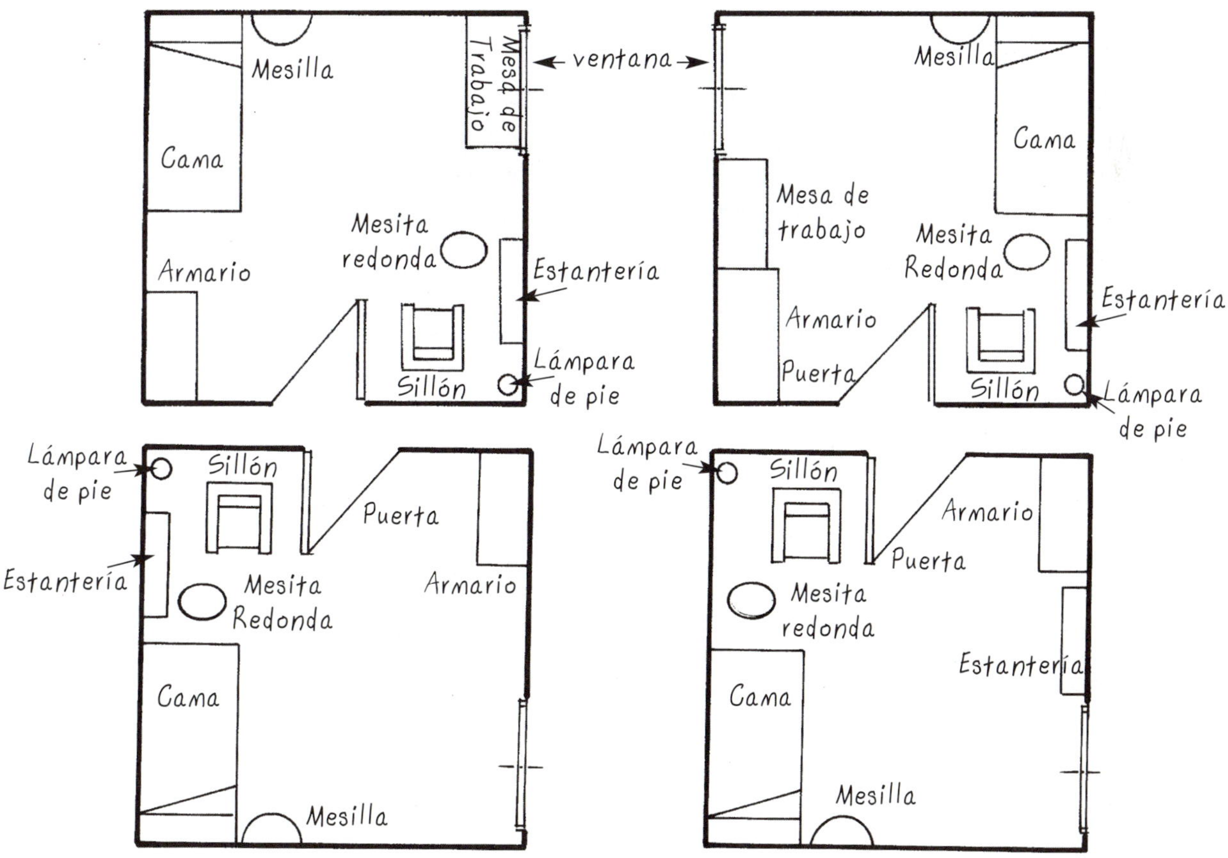

11 En parejas. ¿Qué hay en el salón?

Alumno A

1. Pregunta al alumno B qué hay en el salón de su dibujo y haz una lista en tu cuaderno de las cosas que él te diga.
2. Ahora pregúntale dónde están esas cosas y dibújalas donde él te diga.
3. Comprobad.

Alumno B

1. Responde a las preguntas de tu compañero. Luego, pregúntale qué hay en el salón de su dibujo y haz una lista en tu cuaderno de las cosas que él te diga.
2. Responde a tu compañero. Luego, pregúntale dónde están las cosas de tu lista y dibújalas donde él te diga.
3. Comprobad.

¿Lo tienes claro?

12 a) Pregunta a tu compañero cómo es su habitación, qué muebles hay y dónde está colocado cada uno. Dibuja un plano con su ayuda.

b) Ahora, con las notas de la actividad 4 sobre la casa de tu compañero y el plano de su habitación, de la actividad anterior (12 a), escribe sobre ambas cosas.

c) Intercambia tu texto con otros compañeros. Lee tres o cuatro textos. ¿Encuentras algo interesante?

Descubre España y Amé

LA VIVIENDA EN ESPAÑA

1 **Observa las fotos. Decide cuál de ellas puede corresponder a:**

- un pueblo blanco del interior de Andalucía.
- un pueblo castellano.
- un pueblo turístico de la costa mediterránea.
- una casa de campo del norte de España.
- un pueblo de pescadores de la costa cantábrica.
- una ciudad española grande.

A

B

D

C

F

E

2 a] ¿Cómo crees que es la vivienda ideal del español medio? Coméntalo con un compañero.

b] Lee este artículo y comprueba si esa vivienda es parecida a la que habéis descrito.

LA VIVIENDA DEL ESPAÑOL MEDIO

La vivienda que desea comprar el español medio es un piso que mide entre 80 y 100 metros cuadrados (y que no cuesta más de 130.000 euros). Para él, la situación es muy importante: la prefiere cerca de su centro de trabajo y bien comunicada. Tiene 2, 3 o 4 dormitorios (depende del tipo de familia), un salón-comedor muy grande, cocina y baño. Los suelos del salón y de los dormitorios son de parqué, las ventanas tienen doble cristal, y las puertas exteriores e interiores son de madera. Es exterior y tiene mucha luz natural, ascensor y calefacción.

c] ¿Hay algo que te sorprenda? Coméntaselo a la clase.

3 a] Piensa en tu vivienda ideal. Puedes hacer un plano de ella.

b] En grupos de tres. Descríbesela a tus compañeros y escucha lo que te digan ellos. ¿Es tu vivienda ideal como la de alguno de ellos?

RECUERDA

COMUNICACIÓN

Describir una casa

- □ ¿Cómo es?
- ○ Antigua y bastante grande.
- □ ¿Cuántas habitaciones tiene?
- ○ Tres.
- □ ¿Está bien comunicada?
- ○ Sí.

Describir una habitación

- □ ¿Qué hay en el comedor?
- ○ (Hay) Una mesa, cuatro sillas...
- □ ¿Dónde está el sofá?
- ○ (El sofá está) Enfrente de la ventana.

GRAMÁTICA

Hay + artículo indeterminado + sustantivo

Hay = existencia

Hay una cama.

(Ver resumen gramatical, apartado 10.1)

Artículo determinado + sustantivo + está(n)

—El armario está a la derecha de la ventana.

—Los sillones están enfrente del sofá.

(Ver resumen gramatical, apartado 10.2)

lección

9

Lugares y horarios públicos

OBJETIVOS

- Preguntar por la existencia y ubicación de lugares públicos
- Informar sobre distancias
- Dar instrucciones para ir a un lugar
- Preguntar y decir la hora
- Preguntar e informar sobre horarios públicos

1 **Mira este plano de una zona de Madrid y responde a las preguntas.**

1. ¿Qué barrio aparece?
2. ¿Cuántas estaciones de metro hay?
3. ¿Están señaladas las paradas de autobús?
4. ¿Dónde hay un aparcamiento?
5. ¿Dónde está el palacio del duque de Liria?

PRONUNCIACIÓN

2 a) Busca en el plano dos palabras que se escriban con «g» y otras dos con «j». ¿Cómo se pronuncian?

b) Observa:

/x/	/g/
ja	ga
je, ge	gue
ji, gi	gui
jo	go
ju	gu, güe, güi)

c) Busca más palabras en el plano y escríbelas en la columna correspondiente.

/x/	/g/
	Rodríguez

d) Escucha y escribe las palabras que oigas en esas mismas columnas.

e) Añade otras palabras que conozcas.

3 a) Escucha y lee estos tres diálogos.

1

María: ¿La calle de San Andrés, por favor?
Chico: Lo siento, no conozco este barrio. No soy de aquí.
María: Gracias.
Chico: De nada.

2

María: ¿La calle de San Andrés, por favor?
Chica: La primera a la derecha.
María: Gracias.

3

María: Oiga, perdone, ¿hay un banco por aquí?
Señor: Sí, hay uno al final de esta calle, a la izquierda.
María: ¿Está muy lejos?
Señor: No, aquí mismo. A unos cinco minutos andando.
María: Gracias.

b) ¿A cuál de los tres diálogos corresponde este dibujo?

c) Escucha y repite.

- ¿La calle de San Andrés, por favor?
- Lo siento, no conozco este barrio.

- Oiga, perdone, ¿hay un banco por aquí?
- Sí, hay uno al final de esta calle, a la izquierda. Está aquí mismo. A unos cinco minutos andando.

4 **Mira el plano de la actividad 1. Estás en A (Olid - Fuencarral). ¿Cómo respondes a estas preguntas? Escríbelo.**

1.ª: primera
2.ª: segunda
3.ª: tercera
4.ª: cuarta
5.ª: quinta

1
- ¿La calle Alburqueque, por favor?
- ...

2
- Oiga, perdone, ¿hay una estación de metro por aquí?
- ...

3
- Oiga, perdone, ¿hay un aparcamiento por aquí?
- ...

5 a) Observa estos dibujos y lee las instrucciones en lenguaje formal.

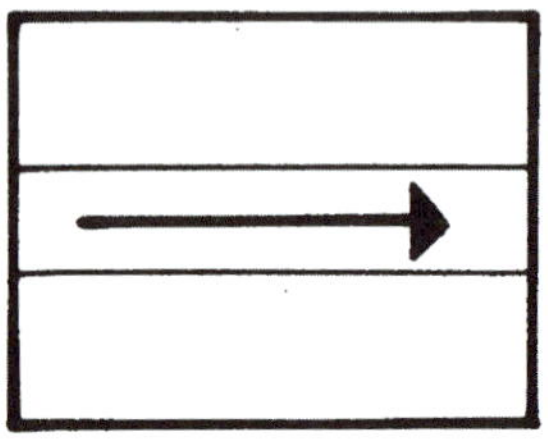
• siga (todo) recto

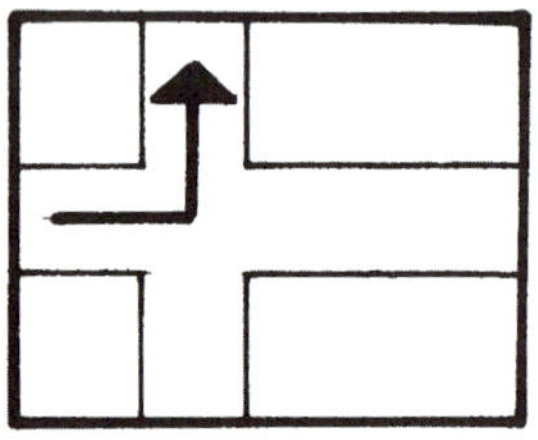
• gire a la derecha

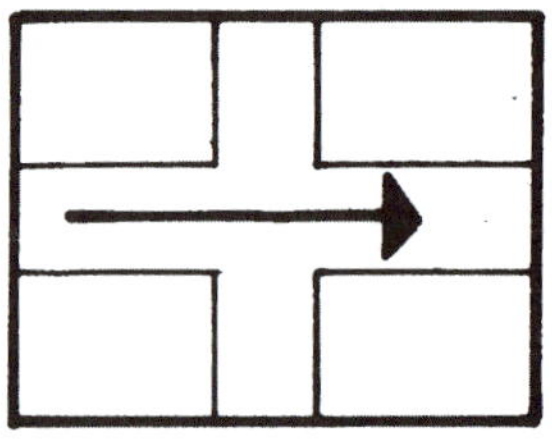
• cruce

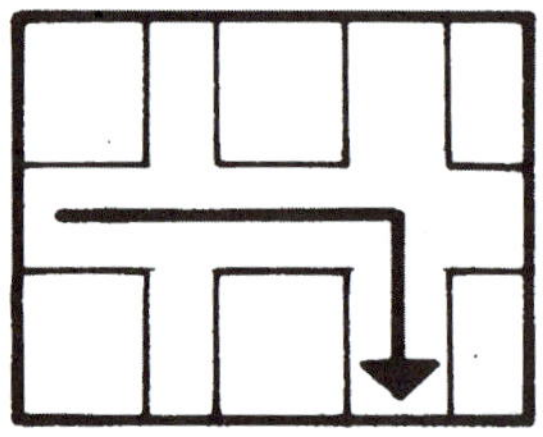
• coja/tome la segunda a la izquierda

b) Lee el diálogo siguiente y marca el camino en el plano de la actividad 1 (están en B: C/ Rodríguez San Pedro - Plaza del Conde del Valle Suchil). Puedes usar el diccionario.

- Oiga, perdone, ¿sabe dónde está la plaza del Dos de Mayo?
- Sí, siga todo recto y gire la primera a la derecha. Entonces tome la calle de... San Bernardo y cruce la glorieta de Ruiz Jiménez.
- ¿Cómo? ¿La glorieta de...?
- Ruiz Jiménez. Luego siga todo recto hasta... la tercera a la izquierda. Al final de esa calle está la plaza del Dos de Mayo.
- Entonces... cruzo la glorieta y cojo la tercera a la izquierda...
- Exacto.
- Muchas gracias.

FÍJATE EN LA GRAMÁTICA

El imperativo

Completa este cuadro con formas del imperativo.

VERBO	GIRAR	CRUZAR	TOMAR	PERDONAR	COGER	SEGUIR	OÍR
(Tú)	gira	cruza	toma	perdona	coge	sigue	oye
(Usted)	gire						oiga

6 a) Mira el plano de la actividad 1 y escribe las instrucciones necesarias para ir de C (Vallehermoso-Meléndez Valdés) a los siguientes lugares:

Un hotel

Una estación de metro

Pregunta al profesor si tienes dudas.

b) Practica con tu compañero.

- Oye, perdona, ¿hay un hotel por aquí?
- ...

7 a) Escucha y marca el camino en el plano.

8 En parejas. ¿Dónde está el Café de la Ópera?

Alumno A

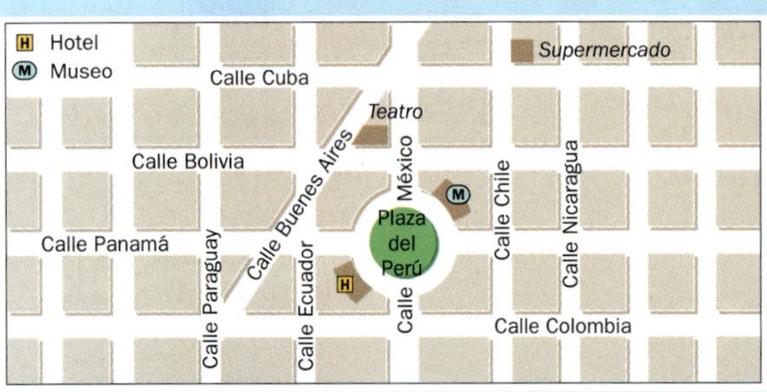

1. Marca en el plano:
   - una parada de autobús
   - un estanco
   - el Café de la Ópera
   - el cine céntrico

2. Estás en la plaza del Perú. Pregunta a tu compañero por:
   - una farmacia
   - una estación de metro
   - el restaurante El Siglo
   - una cabina de teléfono

   y márcalos en el plano.

3. Da instrucciones a tu compañero para ir a los sitios por los que te pregunte.

4. Enseña el plano de tu compañero. ¿Coincide todo con el suyo?

Alumno B

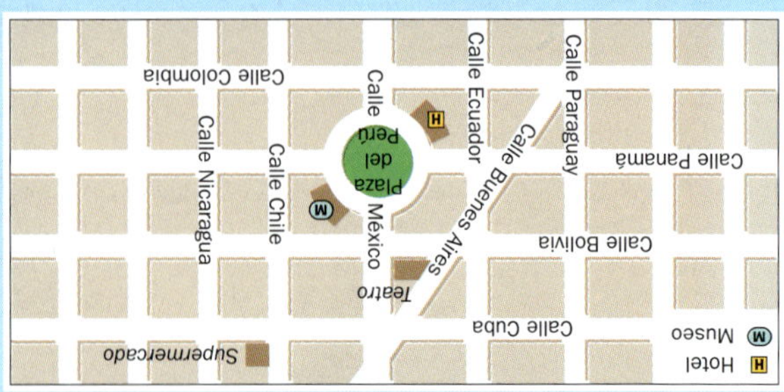

1. Marca en el plano:
   - una farmacia
   - una estación de metro
   - el restaurante El Siglo
   - una cabina de teléfono

2. Estás en la plaza del Perú. Pregunta a tu compañero por:
   - una parada de autobús
   - un estanco
   - el Café de la Ópera
   - el cine céntrico

   y márcalos en el plano.

3. Da instrucciones a tu compañero para ir a los sitios por los que te pregunte.

4. Enseña el plano a tu compañero. ¿Coincide todo con el suyo?

¿Qué hora es?

9 a) Obserua este dibujo con atención.

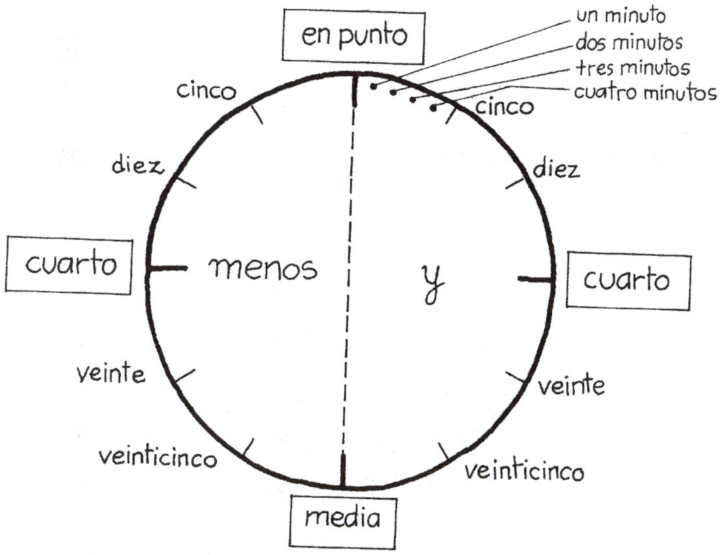

10 a) Escribe estas horas debajo de los relojes correspondientes: la una en punto, las nueve menos veinticinco, las doce menos cuarto, las seis y media, las siete y diez.

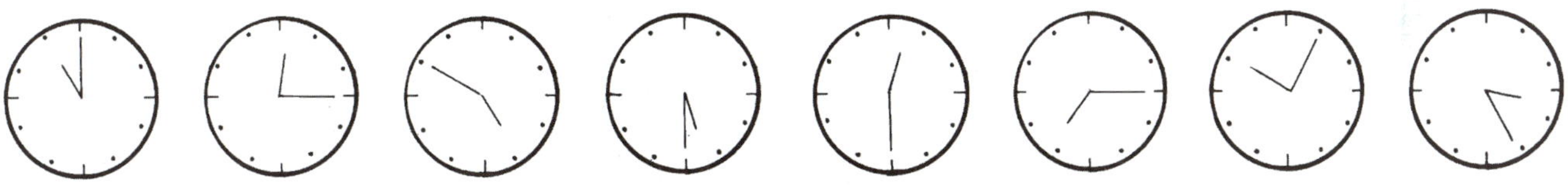

b) Ahora escribe las horas que faltan.

FÍJATE EN LA GRAMÁTICA

La hora

¿Qué hora es?

<table>
<tr><td rowspan="2">(Es) La una</td><td>en punto</td></tr>
<tr><td>y media
y cuarto
y cinco
y dos minutos</td></tr>
<tr><td>(Son) Las dos
(Son) Las tres
(Son) Las cuatro</td><td>menos cuarto
menos cinco
menos diez
menos dos minutos</td></tr>
</table>

11 a] Escucha y subraya las horas que oigas.

1	2.30	12.30
2	8.15	8.40
3	3.25	2.35
4	6.10	5.50

b] Juega con tu compañero. Di una hora. Tu compañero cambia la posición de las agujas del reloj y dice la hora correspondiente.

Los días de la semana

12 a] Mira este calendario y ordena los días de la semana. Escríbelos.

jueves
martes
viernes
domingo
sábado
lunes
miércoles

b] Escucha y comprueba. Luego repite.

13 a] Observa este cartel con el horario de una tienda y responde a las preguntas:

- ¿A qué hora abre esa tienda por la mañana?
- ¿Y por la tarde?
- ¿A qué hora cierra?
- ¿Qué horario tiene los sábados?

b] ¿Hay alguna coincidencia con los horarios de tu país?

¿Lo tienes claro?

14 a) Piensa en un lugar público cercano a donde estás ahora y en cómo se va desde donde estás.

b) Dale las instrucciones necesarias a tu compañero para ir allí. ¿Sabe qué lugar es?

- *Coge la calle... y sigue todo recto. Luego gira...*
- *¡Ah! Es (el cine...).*
- *(Sí).*

Descubre España y Amé

HORARIOS PÚBLICOS EN ESPAÑA

1 a) Lee el siguiente texto y completa el cuadro.

Si quieres ir de compras, te conviene saber que la mayoría de las tiendas y supermercados abren todos los días, excepto los domingos. El horario normal es de 10 de la mañana a 2 de la tarde y desde las 5 hasta las 8 de la tarde. Sin embargo, algunos grandes almacenes tienen un horario continuo de 10 de la mañana a 9 de la noche y abren algunos domingos.

Al banco se puede ir de lunes a vienes entre las 8.30 de la mañana y las 2 de la tarde. Algunos también abren por la tarde, pero muy pocos. De octubre a mayo también están abiertos los sábados por la mañana, pero cierran una hora antes: a la una.

Si necesitas los servicios de algún centro oficial, también tienes que ir de 9 de la mañana a 2 de la tarde, y los fines de semana están cerrados.

	DE LUNES A VIERNES		FINES DE SEMANA	
	Abren	Cierran	Abren	Cierran
Tiendas	....	....	....	....
Supermercados	....	....	....	....
Grandes almacenes	....	....	....	....
Bancos	....	....	....	....
Centros oficiales	....	....	....	....

b) ¿VERDADERO O FALSO?

	V	F
Los centros oficiales abren los sábados por la mañana.	☐	☐
Los grandes almacenes están cerrados todos los domingos.	☐	☐
Los martes, a las 8.45, los bancos están abiertos.	☐	☐
Las tiendas cierran a la hora de la comida.	☐	☐
Todos los supermercados están cerrados los domingos.	☐	☐

2 Habla con tu compañero sobre los horarios de los establecimientos públicos de su país. ¿Hay muchas diferencias?

RECUERDA

COMUNICACIÓN

Localización de lugares

- ☐ ¿La calle Zurbano, por favor?
- ○ Es ésta. / La segunda a la izquierda.
- ☐ ¿Hay un restaurante por aquí?
- ○ Sí, hay uno al final de esta calle, a la derecha.

Hablar de distancias

- ☐ ¿Estás lejos?
- ○ No, aquí mismo, a unos cien metros. / A cinco minutos.

Dar instrucciones para ir a un lugar

- ☐ Siga todo recto y tome la tercera a la derecha.
- ○ Cruce la plaza y gire la primera a la derecha.

GRAMÁTICA

Imperativo afirmativo, singular

Verbo	Tú	Usted
tomar	toma	tome
girar	gira	gire
cruzar	cruza	cruce
perdonar	perdona	perdone
coger	coge	coja
seguir	sigue	siga
oír	oye	oiga

(Ver resumen gramatical, apartado 7.3)

COMUNICACIÓN

Preguntar y decir la hora

- ☐ ¿Qué hora es/tienes?
- ○ (Es) La una y cuarto. / (Son) Las tres y media.

Preguntar e informar sobre horarios públicos.

- ☐ ¿A qué hora abren las tiendas por la tarde?
- ○ A las cinco.

GRAMÁTICA

Preposiciones

A:
- *Abren a las cinco.*

De:
- *Abren a las cinco de la tarde.*

Por:
- *Abren los sábados por la tarde.*

lección

10 Gustos

OBJETIVOS
- Expresar gustos personales
- Expresar coincidencia y diferencia de gustos
- Expresar diversos grados de gustos personales

1 ¿Entiendes estas palabras y expresiones? Pregunta a tus compañeros o al profesor lo que significan las que no conozcas.

PRONUNCIACIÓN

La sílaba fuerte

2 a) Escucha estas palabras y escríbelas en la columna correspondiente.

□ ■	■ □ □	□ □ □ ■ □
Sa lir	Mú si ca	Or de na do res

b) Escucha y comprueba.

c) Escucha y repite.

3 a) Observa los dibujos y lee las frases. ¿Las entiendes?

- Me gusta el fútbol.
- Me gusta ir al cine.
- Me gustan las motos.

- No me gusta el tenis.
- No me gusta ver la televisión.
- No me gustan los ordenadores.

b) Comenta con tu compañero por qué unas veces se dice «gusta» y otras «gustan». Díselo al profesor. ¿Qué diferencias hay con tu lengua?

4 Marca tus gustos personales.

	ME GUSTA	ME GUSTAN	NO ME GUSTA	NO ME GUSTAN
Los ordenadores				
El teatro				
Ir a conciertos				
El español				
Las motos				
Bailar				

FÍJATE EN LA GRAMÁTICA

Expresar gustos personales

Mismos gustos

- Me gusta(n)

- *A mí también*

- No me gusta(n)

- *A mí tampoco*

Gustos diferentes

- Me gusta(n)

- *A mí no*

- No me gusta(n)

- *A mí sí*

5 a) **Pregunta a tu compañero si le gustan las cosas y las actividades de tiempo libre presentadas en la actividad 1. ¿En cuántas coincidís?**

- ¿Te gusta el teatro?
- Sí, ¿y a ti?
- A mí también.

6 **Escribe sobre los gustos de tu compañero.**

A (John) le gusta(n)... y..., pero no le gusta(n)... ni...

7 **En grupos de tres. Usad esta lista para descubrir dos aspectos de la clase de español que os gustan a los tres y otros dos que no os gustan. Luego decídselo a la clase.**

Nos gusta(n)... y...	No nos gusta(n)... ni...
hablar - escuchar cintas - el profesor/la profesora - leer - ...	la gramática - escribir - este libro - el horario - los deberes - ...

8 a) **Mira el dibujo y lee las frases. Luego escríbelas ordenándolas de más a menos. Pregunta al profesor las palabras que no conozcas.**

1. Me encanta.
2. ...
3. ...
4. ...
5. No me gusta nada.

b) **Y a ti, ¿te gusta ese cuadro? Díselo a la clase.**

9 a) Escucha estos sonidos y estos fragmentos de música y di si te gustan o no.

b) Ahora compara tus gustos con los de tus compañeros.

FÍJATE EN LA GRAMÁTICA

Verbo «gustar»

(A mí)	me		
(A ti)	te	gusta	el cine
(A él / ella / usted)	le	encanta	jugar al fútbol
(A nosotros / nosotras)	nos	gustan	
(A vosotros / vosotras)	os	encantan	las motos
(A ellos / ellas / ustedes)	les		

10 a) Completa las frases. Puedes usar el diccionario.

1. A mi compañero ....
2. A mí ....
3. A los hombres les encanta ....
4. A las mujeres les ....
5. A mi profesor ....
6. A los estudiantes no ....
7. ....los estudiantes que no hablan español en clase.
8. .... viajar fuera de mi país.

b) Lee en voz alta lo que has escrito. ¿Coincides con alguno de tus compañeros?

11 ¿VERDADERO O FALSO? Escucha y marca.

	V	F
A Carlos le gusta mucho el esquí.	☐	☐
A María no le gusta nada el fútbol.	☐	☐
A Carlos no le gusta leer.	☐	☐
A los dos les encanta bailar.	☐	☐
Carlos y María tienen los mismos gustos.	☐	☐

Cuestión de lógica

12 a) Lee las claves y completa el cuadro.

2. Al abogado le gusta el esquí.

1. La enfermera vive en Barcelona.

4. Manolo no es abogado.

3. A Manolo le encanta el tenis.

6. El que vive en Bilbao es periodista.

5. Javier vive en Valencia.

7. A Luisa le gusta mucho el fútbol.

NOMBRE	PROFESIÓN	CIUDAD	LE GUSTA

b) Prepara otro problema de lógica.

NOMBRE	PROFESIÓN	CIUDAD	LE GUSTA	LE ENCANTA	NO LE GUSTA

c) Dáselo a tu compañero para ver si lo resuelve.

¿Lo tienes claro?

13 a) ¿Conoces bien a tu compañero? Marca sus posibles gustos en este cuestionario.

	Le encanta(n)	Le gusta(n) mucho	Le gusta(n)	No le gusta(n)	No le gusta(n) nada
El fútbol					
Ver la televisión					
cocinar					
Los niños					
La música clásica					
La música pop					
Prince					
Julio Iglesias					
Las películas de ciencia-ficción					

b) Ahora pregúntale y marca sus respuestas con otro color.

c) Comparad las respuestas con los posibles gustos. ¿Quién tiene más aciertos?

Descubre España y Amé

MÚSICA ESPAÑOLA Y LATINOAMERICANA

1 **a)** Escucha estos fragmentos de música española y latinoamericana y relaciónalos con las fotos.

Música andina

tango

Salsa

ranchera

b] ¿Con qué país o países asocias cada tipo de música?

- Yo asocio la salsa con...
- Yo también la asocio con...

son cubano

Cumbia Colombiana

c] Escucha otra vez la música y piensa en las respuestas a estas preguntas:

- ¿Cuáles de esos tipos de música te gustan más?
- ¿Conoces alguna otra canción de esos estilos?
- ¿Conoces otros tipos de música española o hispanoamericana?

d] Ahora comenta las respuestas con tus compañeros.

RECUERDA

COMUNICACIÓN

Expresar gustos personales

- *Me gustan las discotecas y las motos.*
- *No me gusta el fútbol ni el tenis.*
- *Me gusta leer, pero no me gusta el cine.*

GRAMÁTICA

Verbo gustar

Gusta

- *¿Te gusta el teatro?*
- *¿Te gusta bailar?*

Gustan

¿Te gustan los coches?

(Ver resumen gramatical, apartado 12)

COMUNICACIÓN

Expresar coincidencia y diferencia de gustos

- □ Me gusta mucho este cuadro.
- ○ A mí también / A mí no.
- □ No me gustan los ordenadores.
- ○ A mí tampoco / A mí sí.

GRAMÁTICA

También, tampoco, sí, no

(Ver resumen gramatical, apartado 13)

COMUNICACIÓN

Expresar diversos grados de gustos personales

- *A mi abuela le encanta bailar.*
- *A Pepe le gusta mucho ver la televisión.*
- *Me gusta la clase de español.*
- *A Olga no le gustan los niños.*
- *No me gusta nada este disco.*

GRAMÁTICA

Pronombres de objeto indirecto

(A mí)	Me
(A ti)	Te
(A él/ella/usted)	Le
(A nosotros/nosotras)	Nos
(A vosotros/vosotras)	Os
(A ellos/ellas/ustedes)	Les

A vosotros os gusta mucho la música clásica, ¿verdad?

(Ver resumen gramatical, apartados 8.2. y 8.4.)

l e c c i o n e s

Repaso

6-7-8-9-10

1 JUGAMOS CON LAS PALABRAS.

a) Tienes dos minutos para buscar los contrarios de:

- cerca
- cerrado
- grandes
- a la derecha
- bonitos
- no me gusta nada
- modernas
- ruidosa
- norte
- debajo
- delante
- aburrida
- poco

b) En parejas. Por turnos. Elige una de estas palabras o expresiones y dísela a tu compañero. Él tiene que decir lo contrario. Si está bien, tiene un punto; si está mal, cero puntos. Gana el que obtiene más puntos.

2 JUGAMOS CON LAS FRASES.

En grupos de cuatro. Juega con un dado y una ficha de color diferente a la de tus compañeros.

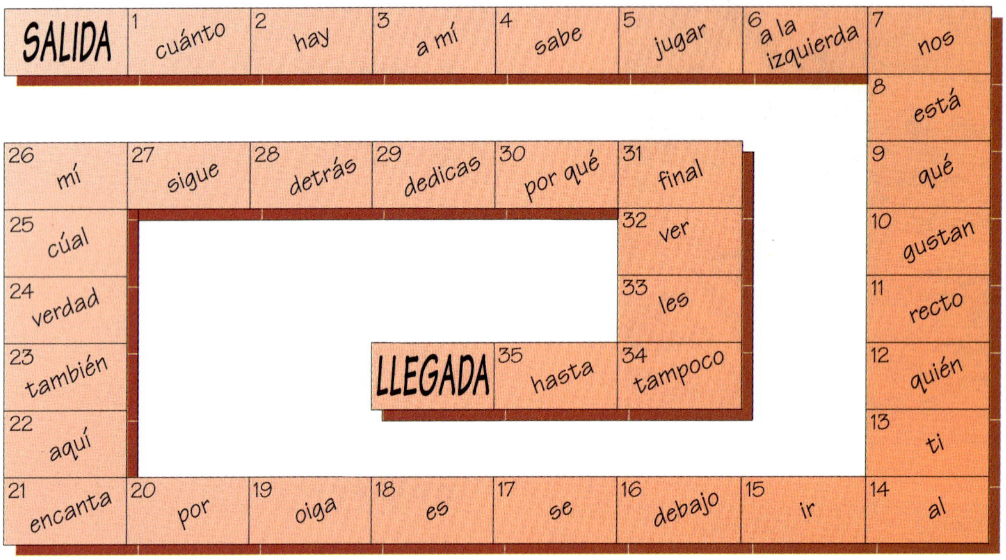

1. Por turnos. Tira el dado y avanza el número de casillas que indique.
2. Di una frase correcta con la(s) palabra(s) de la casilla donde estás.
3. Si tus compañeros dicen que está mal, retrocede a donde estabas.

3 ¿DÓNDE ESTÁN LOS MUEBLES?

a) Escucha y haz una lista de los muebles que hay en la habitación de Alfonso.

b) Escucha de nuevo y dibuja cada mueble (o escribe su nombre) en el lugar donde está.

4 ¿CÓMO SE VA A LA CALLE VILLALAR?

a) Quieres alquilar una habitación. Has comprado el periódico y aparece este anuncio. Léelo y marca verdadero o falso.

> **ALQUILO**
> VILLALAR, C/, zona Retiro. Ático de tres habitaciones, compartir con dos chicos, 50 m² de terraza, ascensor, teléfono, calefacción. 375 €./mes más gastos comunes. Tel.: 91 419 93 12.

	V	F
1. Es un primer piso.		
2. Ahora sólo vive una persona en él.		
3. Es un piso de 50 metros cuadrados.		
4. Cada persona paga 375 euros al mes.		

b) En parejas. No miréis el plano del compañero.

Alumno A

1. Llamas por teléfono a ese piso. Vas a ir a verlo a las seis de la tarde y preguntas:
   - la dirección exacta;
   - cómo se va (estás en la esquina de las calles de Montalbán y Alfonso XII).

➡ **Marca el camino en el plano.**

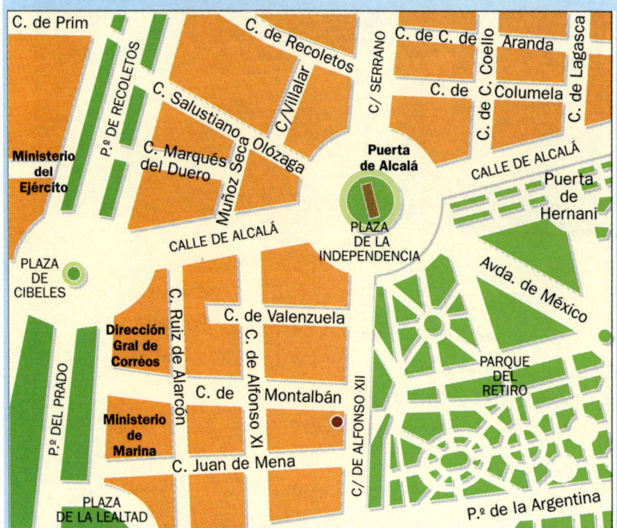

2. Comprueba con el plano de tu compañero.

Alumno B

1. Vives en ese piso y A te llama por teléfono. Va a ir a verlo a las seis de la tarde. Mira el plano y responde a sus preguntas sobre:
   - la dirección del piso;
   - cómo se va desde la esquina de las calles de Montalbán y Alfonso XII.

2. Comprueba si tu compañero ha marcado bien el camino que le has dicho.

5 ¿POR QUÉ TE GUSTA?

a) Escucha esta música.

b) En parejas. Pensad en una persona a la que le guste mucho. Escribid sobre ella (sexo, edad, profesión, domicilio, descripción física, carácter y gustos).

Preparación de la tarea

¿Verdadero o falso? A) Marca lo que creas en la columna «antes de leer».

Antes V	Antes F		Después V	Después F
		Sevilla está en el centro de España.		
		Está a unos 500 kilómetros de Madrid.		
		Por Sevilla pasa un río.		
		Tiene un millón de habitantes aproximadamente.		
		En muchas casas del centro de Sevilla solo vive una familia.		

B) Ahora lee estos dos párrafos de un folleto turístico y marca en la columna «después de leer». Compara tus respuestas con las anteriores.

...Sevilla

Sevilla, la ciudad más importante de Andalucía, se halla situada al sur de Madrid, a 542 kilómetros por carretera. Por ella pasa el río Guadalquivir, al que los romanos llamaron Betis. Es puerto fluvial y escala de muchas compañías de navegación españolas y extranjeras. También está excelentemente comunicada por tierra y aire. Desde el aeropuerto (San Pablo) hay vuelos directos a Alicante, Barcelona, Bilbao, Canarias, Madrid, Málaga, Palma de Mallorca, Santiago de Compostela y Valencia.

Un folleto turístico

La estructura urbana de Sevilla, cuya población supera los 600.000 habitantes, fue construida en la Edad Media pensando en cómo evitar el calor del verano. Por eso tiene tantas calles estrechas, pasajes y plazas pequeñas. Las casas, en gran parte habitadas por una sola familia, suelen ser blancas, con flores en las ventanas, y muchas de ellas tienen un patio, herencia a la vez romana y oriental.

en marcha

EN PAREJAS

1 Escribe un texto de presentación de la ciudad donde estáis. Podéis consultar folletos turísticos. Incluid también una lista de lugares de interés y marcadlos en un plano de esa ciudad.

2 Pasa el texto a otra pareja y corregid el suyo. Comentad con la otra pareja los posibles errores. Si habéis cometido errores, escribid de nuevo el texto.

3 Pega el texto, el plano y alguna foto de esa ciudad en una cartulina grande y ponedla en una pared de la clase.

lección

11

Un día normal

OBJETIVOS

- Hablar de hábitos cotidianos

1 a) Mira este dibujo del número seis de la calle de la Rosaleda a las ocho de la mañana de un día normal. Luego lee el texto y subraya lo que no entiendas.

«Todos los días me levanto a las tres de la tarde y como a las cuatro, más o menos. Luego paso la tarde leyendo novelas policiacas o voy al cine. Ceno sobre las diez de la noche y empiezo a trabajar a las once. Me encanta la noche y mi trabajo. Termino de trabajar a las seis y media de la mañana y vuelvo a casa un cuarto de hora más tarde. Desayuno a las siete, leo el periódico y siempre me acuesto a las ocho.»

b) Di a qué persona del dibujo corresponde este texto.

2 Y tú, ¿a qué hora haces esas cosas normalmente? Escríbelo. Fíjate en el texto de la actividad.

- *Me levanto a las...*

3 Escucha y repite lo que oigas solo si es verdadero. Si es falso, no digas nada.

FÍJATE EN LA GRAMÁTICA

Presente de indicativo (singular)

Completa el cuadro con las formas verbales que faltan.
Puedes consultar el texto de la actividad 1.

-AR

	trabajar	desayunar	terminar	cenar	empezar
yo	trabajo	desayuno			empiezo
tú	trabajas		terminas		empiezas
él/ella/usted	trabaja			cena	

	llamarse	levantarse	acostarse
yo me	llamo		
tú te	llamas	levantas	acuestas
él/ella/usted se	llama		

-ER

	tener	comer	volver	hacer
yo	tengo			hago
tú	tienes	comes	vuelves	haces
él/ella/usted	tiene		vuelve	

-IR

	vivir	salir
yo	vivo	salgo
tú	vives	sales
él/ella/usted	vive	

Verbo «ir»

yo	
tú	vas
él/ella/usted	va

La sílaba fuerte

4 a] Escucha las palabras y escríbelas en la columna correspondiente.

□ □ ■ Tra ba **jar**	□ □ ■ □ de sa **yu** no

b] Escucha y subraya la sílaba más fuerte de esas palabras.

5 a] En grupos de cuatro. Habla con tus compañeros y pregúntales a qué hora hacen habitualmente estas cosas. Anótalo.

		TÚ			
Levantarse					
Desayunar					
Empezar	a trabajar				
	las clases				
Comer					
Terminar	de trabajar				
	las clases				
Volver a casa					
Cenar					
Acostarse					

- ¿A qué hora te levantas?
- A las... (de la...). ¿Y tú?
- ...

b] Mira el cuadro y responde a las preguntas.

¿Quién de vosotros se levanta antes?

¿Quién come antes?

¿Quién cena más tarde?

¿Quién se acuesta más tarde?

¿Quién vuelve a casa más tarde?

6 a) Escucha la conversación de Eduardo con una amiga sobre su tía y haz una lista de las horas que oigas.

b) Escucha de nuevo y escribe qué hace la tía a cada una de esas horas.

7 a) En grupos de tres. ¿Qué creéis que hacen en un día normal los otros vecinos de Rosaleda, 6? Elegid dos de ellos y decidid qué hace cada uno.

- Yo creo que el señor Andrés no trabaja.
- Se levanta a...

b) Decídselo a la clase. ¿Están de acuerdo vuestros compañeros?

8 **Observa este dibujo y lee el texto. Tu profesor tiene la información que falta. Pídesela y rellena los espacios en blanco.**

Se llama .... y vive en .... con .... Todos los días se levanta a las .... y desayuna en casa. Luego va a trabajar. Es .... Por las mañanas trabaja en .... Por las tardes .... Vuelve a casa a las .... , cena con .... y se acuesta a las ....

- ¿Cómo se llama?
- ...
- ¿Dónde vive?
- ...
- ¿Con quién vive?
- ...

9 **a]** **Fíjate en el esquema anterior y escribe sobre un personaje imaginario. Puedes usar el diccionario.**

b] **Pregunta a tu compañero por su personaje. ¿Es más raro que el tuyo?**

¿Lo tienes claro?

10 En grupos de seis. Elige a una de estas personas y piensa qué hace todos los días y a qué hora. Luego díselo a tus compañeros. ¿Saben quién es?

FORGES Y EL HUMOR

1 a) Averigua qué es un chiste.

b) Lee estos dos chistes. ¿Los entiendes? ¿Cuál te gusta más?

c) Los dos han sido creados por Forges, famoso dibujante humorístico español. Lee está información sobre él con ayuda del diccionario.

FORGES IMITANDO LA FIRMA DE FORGES

Antonio Fraguas, Forges, dibuja chistes sobre la vida social y política de España desde 1964. Tiene un estilo gráfico personal y muy cómico. En sus textos, muy ingeniosos y críticos, utiliza lenguaje culto y popular. Colabora habitualmente con periódicos y revistas, y también ha publicado varios libros.

2 a) Ahora lee este chiste sobre lo que hace un señor un día normal.

b) En parejas, responded a las preguntas. Podéis usar el diccionario.

1. ¿Dónde trabaja este señor?
2. ¿Qué profesión tiene?
3. ¿Qué hora crees que es? ¿Por qué?
4. ¿Es normal tener una clase de yoga en el trabajo?
5. ¿Qué quiere expresar el autor de este chiste?

c) Comentad vuestras respuestas con la clase.

RECUERDA

COMUNICACIÓN

Hablar de hábitos cotidianos

- ¿A qué hora te levantas?
- A las ocho.
- ¿Comes en casa?
- No, en el trabajo.
- ¿Qué haces por la tarde?
- Voy a clase de música.

GRAMÁTICA

Presente de indicativo, singular

- Verbos regulares:
  - *desayunar* • *comer* • *terminar* • *cenar* • *levantarse*

  (Ver resumen gramatical, apartado 7.1.1)
- Verbos irregulares:
  - ir

  (Ver resumen gramatical, apartado 7.1.2.1)
  - empezar (e – ie) • volver (o – ue) • acostarse (o – ue)

empezar	*volver*	*acostarse*
empiezo	vuelvo	me acuesto
empiezas	vuelves	te acuestas
empieza	vuelve	se acuesta

(Ver resumen gramatical, apartado 7.1.2.2)

- hacer • salir

(Ver resumen gramatical, apartado 7.1.2.4)

Pronombres reflexivos

me, te, se

(Ver resumen gramatical, apartado 8.4)

l e c c i ó n

12

El fin de semana

OBJETIVOS

- Hablar de hábitos y actividades de fin de semana
- Decir con qué frecuencia hacemos cosas

1 a) Busca en un diccionario o pregunta el significado de las palabras o expresiones del recuadro que no conozcas.

• ir de compras • ir a conciertos • lavar la ropa • hacer la limpieza • pasear
• montar en bicicleta • cocinar • ir al campo • esquiar • comer/cenar fuera
• hacer deporte • hacer la compra • ir de copas • ver exposiciones

b) Observa los dibujos y escribe debajo de cada uno la palabra o expresión correspondiente.

Montar en bicicleta

....

....

....

....

....

2 ¿Te gusta hacer las cosas de la lista anterior? ¿Y a tu compañero? Coméntalo con él.

- A mí no me gusta ir de compras, ¿y a ti?
- A mí, | tampoco.
  | Sí.
  | Me gusta mucho.
  | Me encanta.

3 Lee lo que dicen estas personas. ¿Qué actividades del recuadro 1 a) mencionan?

Maite Larrauri y Juan Pozas

Enfermera y arquitecto. Casados, 28 y 32 años.

«Los sábados nos levantamos tarde. Por la mañana hacemos la limpieza y la compra. Por la tarde leemos un poco o escuchamos música, y por la noche cenamos fuera, vamos al cine o a algún concierto... y luego de copas. Los domingos por la mañana normalmente vamos a ver alguna exposición y a veces comemos con la familia. Luego pasamos la tarde en casa y nos acostamos pronto.»

Elena Ramos

Médica. Divorciada. 51 años.

«Pues yo voy al campo muchos fines de semana. Los sábados que estoy en Madrid me levanto a la hora de todos los días y a veces voy de compras. Por la tarde siempre salgo con algún amigo y vamos al cine, al teatro, a bailar... Los domingos son mucho más tranquilos: me gusta comer en casa y por la tarde no salgo. Es cuando realmente descanso.»

FÍJATE EN LA GRAMÁTICA

Presente de indicativo (plural)

Completa este esquema gramatical. Puedes consultar el texto de la actividad anterior.

-AR

	cenar	levantarse	acostarse
nosotros	cenamos	nos levantamos	
vosotros	cenáis	os	os acostáis
ellos/ellas/ustedes	cenan	se	se acuestan

-ER

	hacer	comer	leer	
nosotros	hacemos		leemos	volvemos
vosotros	hacéis	coméis		volvéis
ellos/ellas/ustedes	hacen			vuelven

-IR

	vivir	salir
nosotros	vivimos	
vosotros	vivís	
ellos/ellas/ustedes	viven	

Verbo «ir»

nosotros	
vosotros	vais
ellos/as	van
ustedes	van

PRONUNCIACIÓN

Acento tónico

4 a) Escucha estas palabras y escríbelas en la columna correspondiente.

/ai/	/ei/
bailar	*veinte*

b) Escucha y comprueba.

c) Escucha y repite.

5 a) Escucha esta conversación entre Sara y Alfonso sobre lo que hacen el fin de semana. Numera las actividades siguiendo el orden en que las oigas.

		SARA Y SU MARIDO	ALFONSO Y SU MUJER
	Pasear		
1	Ir al campo		
	Trabajar en el jardín		
	Ir al cine		
	Salir		
	Ir al teatro		
	Hacer la limpieza		
	Montar en bici		
	Ir a conciertos		

b) A Sara y a su marido les gusta mucho el campo, y a Alfonso y a su mujer, la ciudad. ¿Qué actividades crees que hace cada pareja? Márcalo en el cuadro.

c) Escucha y comprueba.

6 En parejas (A-B). Imaginad que sois amigos y vivís juntos. Escribid cinco cosas que hacéis juntos y tres que hacéis por separado los fines de semana.

- *Siempre vamos al campo...*

7 Cambio de parejas (A-A y B-B). Hablad de lo que hacéis los fines de semana.

- *¿Qué hacéis los fines de semana?*
- *Pues (nos levantamos)... ¿Y vosotros?*
- *Nosotros...*

8 En parejas (A-B) de nuevo. Comentad lo que hacen esos amigos los fines de semana. ¿Hacen algo divertido o algo raro?

9 **a) Observa.**

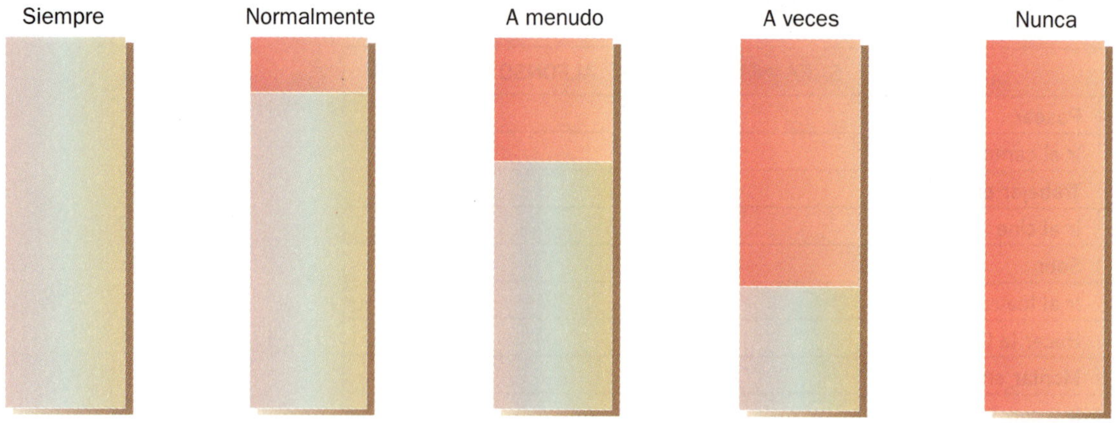

b) Lee de nuevo los textos de la actividad 3 y busca esas expresiones de frecuencia. ¿Cuántas aparecen?

c) Piensa en las cosas que haces tú los sábados y escríbelo.

Siempre ....

Normalmente ....

.... *a menudo.*

A veces ....

No .... *nunca* ....

10 **¿VERDADERO O FALSO? Pregunta a tus compañeros.**

	V	F
1. Dos personas de esta clase se acuestan siempre tarde.	☐	☐
2. Uno de vosotros no ve nunca la televisión.	☐	☐
3. Cuatro personas de esta clase llevan siempre vaqueros.	☐	☐
4. Todos vais al cine a menudo.	☐	☐
5. Dos de vosotros llegáis normalmente tarde a clase.	☐	☐
6. Tres personas de esta clase no hacen nunca los deberes.	☐	☐

- *¿Te acuestas siempre tarde?*
- *Sí / No, ¿y tú?*
- *Yo también / no / tampoco / sí.*

¿Lo tienes claro?

11 a) Piensa en lo que haces los fines de semana. Si necesitas alguna palabra, pregúntasela al profesor.

b) Habla con tu compañero sobre sus fines de semana y toma nota.

12 a) Usa la información de la actividad anterior y escribe sobre los fines de semana de tu compañero.

b) Dale el papel que has escrito al profesor y pídele otro.

c) Lee en voz alta el papel que te ha dado el profesor hasta que otro alumno reconozca su texto y diga: «¡Soy yo!».

LA TELEADICCIÓN

1 a) Lee este artículo de un periódico y pregunta al profesor las palabras que no entiendas.

LOS ESPAÑOLES, LOS SEGUNDOS «TELEADICTOS» DE LA UE (Unión Europea)

Según los resultados de un informe elaborado por el Centro Italiano de Estudios de Tendencias Sociales, los españoles somos los segundos «teledependientes» de la Comunidad Europea (CE). Consumimos un total de 207 minutos diarios frente al televisor. Con estos datos podemos afirmar que la televisión o «caja tonta», como la llamamos muchos españoles, es uno de nuestros pasatiempos preferidos, o, incluso, uno de nuestros vicios secretos.

Pero lo más preocupante de estas cifras es que el telespectador más adicto es el público infantil.

Los españoles somos superados en la adición televisiva solo por los británicos, con 228 minutos diarios, y nos siguen los franceses (178), los irlandeses (145), los holandeses (140), los alemanes (137), los belgas (132), los italianos (129) y los daneses (113).

(El Independiente. Adaptada)

b) Ahora, escribe las respuestas a estas preguntas.

a) ¿Qué es la UE?
b) ¿Cuántos minutos diarios ven los españoles la televisión?
c) ¿En qué país de la UE se ve más la televisión?
d) ¿Qué personas ven más la televisión en España?
e) ¿De qué dos formas llaman en este artículo a las personas que ven mucho la televisión?
f) ¿Cómo llaman muchos españoles a la televisión?

2 Piensa en estas cuestiones. Puedes usar el diccionario. Luego coméntalas con tu compañero.

- ¿Aparece tu país en el artículo? En caso negativo, ¿crees que en tu país veis la televisión más que en España?
- ¿Qué personas crees que ven más la televisión?
- ¿Y tú, ves mucho la televisión? ¿Cuántas horas al día?
- ¿La ves los fines de semana?
- ¿Qué tipo de programas te gustan?

3 En parejas. Escribid un aspecto positivo y otro negativo que tiene la televisión. Podéis usar el diccionario. Luego, decídselo a la clase.

4 a) Mira este chiste.

b) En parejas. Intentad dibujar otro chiste sobre la televisión.

RECUERDA

COMUNICACIÓN

Hablar de hábitos y actividades del fin de semana

□ ¿Qué haces los sábados por la mañana?
○ Normalmente, me levanto tarde y luego hago la compra.
□ Nosotros salimos todos los sábados por la tarde. ¿Y vosotros?
○ Nosotros también.

GRAMÁTICA

Presente de indicativo, singular y plural

- Verbos regulares
  (Ver resumen gramatical, apartado 7.1.1)
- Verbos irregulares
  - Ir.
  (Ver resumen gramatical, apartado 7.1.2.1)
  - Volver / acostarse (o – ue).

Volver	acostarse (o – ue).
vuelvo	me acuesto
vuelves	te acuestas
vuelve	se acuesta
volvemos	nos acostamos
volvéis	os acostáis
vuelven	se acuestan

(Ver resumen gramatical, apartado 7.1.2.2)
  - Hacer, salir.

Pronombres reflexivos

Nos, os, se.
(Ver resumen gramatical, apartado 8.3)

COMUNICACIÓN

Decir con qué frecuencia hacemos cosas

- ***Siempre*** *llego tarde a clase.*
- ***Normalmente*** *me levanto a las ocho.*
- *Mi amigo Raúl me escribe* ***a menudo****.*
- ***A veces*** *llega tarde a clase*
- *No hago* ***nunca*** *los deberes.*
- ***Nunca*** *hago los deberes.*

GRAMÁTICA

La frecuencia

- *siempre*
- *normalmente*
- *a menudo*
- *a veces*
- *nunca*

(Ver resumen gramatical, apartado 14.1)

lección

13

¿Qué te pasa?

OBJETIVOS

- Preguntar a alguien cómo se siente
- Decir cómo se siente uno mismo
- Expresar dolor
- Ofrecer cosas y aceptarlas o rechazarlas
- Hacer sugerencias y aceptarlas o rechazarlas

1 Completa las frases con las palabras del recuadro. Puedes usar el diccionario.

• cansado/a • calor • sed • preocupado/a • hambre
• nervioso/a • enfermo/a • triste • sueño • contento/a • frío • miedo

Está contenta

Está ....

Tiene ....

Está ....

Tiene ....

Tiene ....

Está ....

Está ....

Tiene ....

Está ....

Tiene ....

Tiene ....

2 Escucha estas palabras y escríbelas en la columna correspondiente.

ESTAR	TENER
enfermo	hambre

3 Elige una palabra de la actividad 1 y haz mimo. ¿Sabe tu compañero qué te pasa?

4 **a)** Observa estos dibujos.

b) Intenta decir las frases de los dibujos.

c) Escucha y comprueba.

FÍJATE EN LA GRAMÁTICA

Para expresar como se siente uno mismo

- ¡Qué calor tengo!		
- Estoy	muy un poco	cansada

→ *- Yo también*
→ *- (¿Sí? Pues) Yo no.*

- No tengo nada de sueño
- No estoy nada cansada

→ *Yo tampoco.*
→ *(¿No? Pues) Yo sí*

5 **¿VERDADERO O FALSO? Escucha las siguientes conversaciones y márcalo:**

		V	F
1	a) El chico está muy nervioso.	☐	☐
	b) La chica no está muy nerviosa.	☐	☐
2	a) La señora tiene mucha hambre.	☐	☐
	b) El señor no tiene mucha hambre.	☐	☐
3	a) La niña no tiene mucha sed.	☐	☐
	b) El niño tiene mucha sed	☐	☐
4	a) El señor está muy preocupado.	☐	☐
	b) La señora no está muy preocupada.	☐	☐

6 **Y tú, ¿cómo te sientes? Cuéntaselo a tu compañero.**

El cuerpo humano

7 Ayuda a esta niña a escribir los nombres de las partes del cuerpo.

Simón dice...

8 De pie. Escucha las instrucciones y actúa. Haz lo que dice el profesor solo cuando sus instrucciones empiecen por «Simón dice...».

9 **Escribe qué le pasa a cada una de estas personas.**

Le duele el estómago.
Le duelen las muelas.
Está resfriado.
Le duele la cabeza.
Tiene fiebre.

1. *Le duelen las muelas.*

FÍJATE EN LA GRAMÁTICA

Para expresar dolor

Me Te Le	duele	la cabeza el estómago la espalda
Nos Os Les	duelen	las muelas los oídos los ojos

Estoy	enfermo
Estás	resfriado

Tengo Tienes	fiebre tos gripe dolor de cabeza / muelas

PRONUNCIACIÓN

Entonación

10 a) Escucha y lee.

- ¿Qué te pasa? ¿No te encuentras bien?
- Me duele muchísimo la cabeza.
- ¿Quieres una aspirina?
- Es que no tomo nunca.
- ¿Y por qué no vas al médico?
- Sí, si sigo así...

b) Escucha y repite.

11 a) Descubrid para que son estos remedios.

(tomarse)
- una aspirina
- un vaso de leche con coñac
- un calmante
- una manzanilla
- algo caliente
- una pastilla

(dar) un masaje

descansar

hacer gimnasia

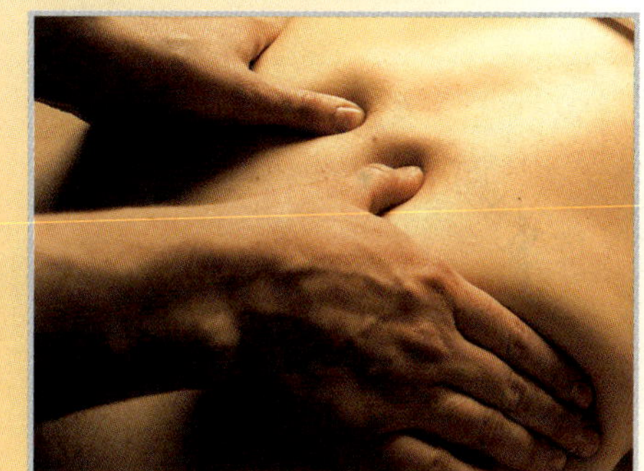

FÍJATE EN LA GRAMÁTICA

Ofrecimientos y sugerencias

OFRECIMIENTOS

¿Quieres	una aspirina? un vaso de leche con coñac?
¿Te doy un masaje?	

Aceptar	Rechazar
Sí, gracias. Vale.	(No.) Es que no tomo nunca. Es que no me gusta el coñac.

SUGERENCIAS

¿Por qué no te tomas	una aspirina? un vaso de leche con coñac?
¿Por qué no te vas a la cama?	

Aceptar	Rechazar
Sí, (si sigo así...) gracias.	Es que no quiero tomar nada. Es que no quiero irme a la cama.

12 Escucha los siguientes diálogos y completa el cuadro.

	¿QUÉ LE PASA?	¿QUÉ LE OFRECEN/SUGIEREN?	¿ACEPTA?
1			
2			
3			
4			
5			

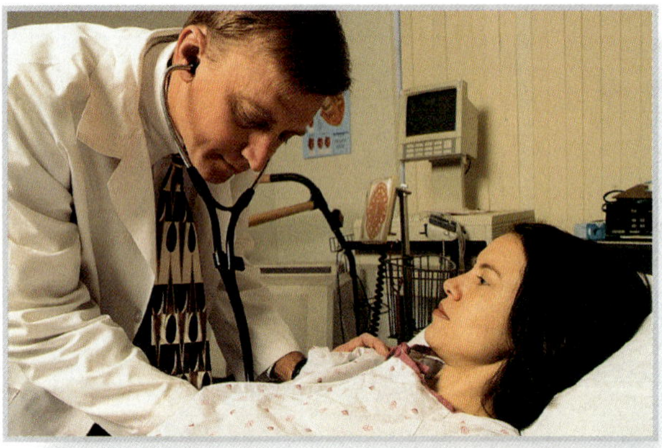

¿Lo tienes claro?

13 **Ahora vosotros. En parejas. Imagina que no te encuentras bien.
Tu compañero te va a preguntar qué te pasa y te va a ofrecer o sugerir cosas.
Puedes aceptar o rechazar.**

Podéis empezar así:

- *¿Qué te pasa? ¿No te encuentras bien?*
- ...

Descubre España y Amé

TU RITMO DE VIDA

1 Lee estas frases y pregunta a tus compañeros o al profesor qué significan las palabras que no entiendas.

	SÍ	NO
1. ¿Crees que duermes menos de lo que necesitas?	☐	☐
2. ¿Te despiertas fácilmente por la noche?	☐	☐
3. Cuando te despiertas por la noche, ¿tienes problemas para volver a dormirte?	☐	☐
4. ¿Tienes a menudo la sensación de estar cansado sin motivo?	☐	☐
5. ¿Te enfadas fácilmente?	☐	☐
6. ¿Crees que te preocupas demasiado por las cosas?	☐	☐
7. ¿Piensas que normalmente cometes demasiados errores?	☐	☐
8. ¿Consideras que haces muy poco deporte?	☐	☐
9. ¿Piensas que no descansas lo suficiente después de las comidas?	☐	☐

2 Ahora responde al cuestionario y averigua el resultado.

PUNTUACIÓN

No = 1 punto

Sí = 0 puntos

INTERPRETACIÓN

0 - 3 puntos: ¡No continúes con este ritmo de vida!

4 - 6 puntos: Intenta cambiar algunos aspectos de tu vida.

7 - 9 puntos: ¡Muy bien! Sigue así.

3 Piensa en las respuestas a estas preguntas y coméntalas con tus compañeros:

- ¿Estás de acuerdo con el resultado que has obtenido y la interpretación?
- ¿Consideras que puedes mejorar algunos aspectos de tu vida?, ¿cuáles?, ¿cómo?

RECUERDA

COMUNICACIÓN

Preguntar a alguien cómo se siente

¿Qué te pasa?

Decir cómo se siente uno mismo

- *Estoy muy nervioso.*
- *¡Qué sueño tengo!*

GRAMÁTICA

Muy - mucho

■ Muy + adjetivo

Hoy está muy contenta.

■ Mucho/a + sustantivo singular

- *Dice que tiene mucho sueño.*
- *Dice que tiene mucha sed.*

Verbo + mucho

Me duele mucho.

(Ver resumen gramatical, apartado 15)

Frases exclamativas

■ ¡Qué + sustantivo + verbo!

¡Qué hambre tengo!

■ ¡Qué + adjetivo + verbo!

¡Qué cansada estoy!

(Ver resumen gramatical, apartado 16)

COMUNICACIÓN

Expresar dolor

- *Me duele muchísimo la cabeza.*
- *Me duelen los brazos y las piernas.*

Ofrecer cosas y aceptarlas o rechazarlas

□ ¿Quieres una aspirina?

○ Sí, gracias / Es que no tomo nunca.

Hacer sugerencias y aceptarlas o rechazarlas

□ ¿Y por qué no vas al médico?

○ Sí, si sigo así... / Es que no quiero ir.

GRAMÁTICA

Verbo doler: presente de indicativo

Duele, duelen.

Presente de indicativo.

■ Verbos irregulares: alternancia *e – ie*

Verbo querer	(Yo)	Quiero
	(Tú)	Quieres
	(Él/ella/usted)	Quiere
	(Nosotros/as)	Queremos
	(Vosotros/as)	Queréis
	(Ellos/as; ustedes)	Quieren

■ Otros verbos frecuentes con alternancia *e – ie*

- preferir • pensar • empezar
- recomendar • comenzar • despertarse.

(Ver resumen gramatical, apartado 7.1.2.2.)

lección

14 ¿Cómo quedamos?

OBJETIVOS

- Iniciar una conversación telefónica
- Hablar de espectáculos: horarios y lugares
- Hacer una invitación y aceptarla o rechazarla
- Concertar citas

1 a) Observa los dibujos y completa los diálogos con las frases del recuadro. Pregunta al profesor qué significa lo que no entiendas.

- ¿De parte de quién?
- No, no está. Volverá después de comer.
- Sí, soy yo.
- Ahora se pone.
- Se ha equivocado.
- En este momento no puede ponerse.

b) Escucha y comprueba.

PRONUNCIACIÓN

Entonación

2 Escucha y repite.

- ¿Está Alberto?
  - Sí, soy yo.
  - No, no está.
  - ¿De parte de quién?
  - Un momento, ahora se pone.
  - No es aquí. Se ha equivocado.

3 ¿Qué dices por teléfono en cada una de estas situaciones? Fíjate en la actividad 1 y escríbelo.

1	¿Diga? ¿Está Pablo?	Pregunta por Pablo
2	¿Está Félix?	Di que eres tú
3	¿Está Juana, por favor?	Juana no vive contigo
4	¿Está Jaime?	Sí, está en el baño
5	¿El señor Acosta, por favor?	Pregunta quién le llama
6	¿Sí?	Pregunta por Ángeles
7	¿Está Mario, por favor?	Di que le vas a avisar

4 Escucha estos diálogos y marca en el cuadro lo que pasa en cada caso.

	Comunica	No contesta	No está en casa	No puede ponerse	Es esa persona	Se ha equivocado
1						
2						
3						
4						
5						
6						
7						

5 En parejas (A-B). Tapa las instrucciones de tu compañero y lee sólo las que te correspondan. Luego habla por teléfono con tu compañero.

Alumno A

1. Contesta al teléfono, infórmate de quién llama y reacciona (como quieras) a lo que te diga tu compañero.

Alumno A

2. Llama por teléfono a casa de tu compañero y pregunta por la persona que quieras.

Alumno B

1. Llama por teléfono a casa de tu compañero y pregunta por Cecilia, su hermana.

Alumno B

2. Contesta al teléfono, infórmate de quién llama y reacciona (como quieras) a lo que te diga tu compañero.

6 Observa estos anuncios y entradas, y señala verdadero o falso. Puedes usar el diccionario.

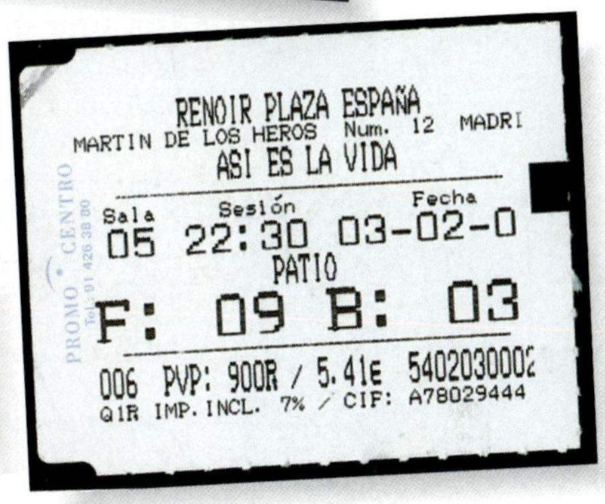

	V	F
En la galería Jorge Mara hay un espectáculo de tangos.	☐	☐
El Último de la Calle cierra dos días a la semana.	☐	☐
El concierto de Habana Abierta es el 2 de agosto.	☐	☐
El domingo por la noche puedo cenar en el restaurante Artemisa.	☐	☐
En el cine Alphaville ponen *Uno de los nuestros* en versión original subtitulada.	☐	☐

7 **Lee las siguientes preguntas y busca las respuestas en los anuncios y entradas de la actividad 6.**

¿Qué película ponen en el cine Renoir?
¿Qué exposición hay en la galería Jorge Mara?
¿A qué hora cierra el restaurante Artemisa por la noche?
¿Qué día actúa Habana Abierta?
¿Cuánto cuesta una entrada de cine?

8 **a] En parejas. Pensad en algunos espectáculos de actualidad y escribid una pregunta sobre cada uno de ellos.**

b] Haced las preguntas a otra pareja. ¿Saben las respuestas?

9 **a] Escucha estos dos diálogos con el libro cerrado y ayuda al profesor a escribirlos en la pizarra.**

1 *¿Vamos a tomar algo?*
Vale. De acuerdo.

2 *¿Quieres venir al cine conmigo?*
Lo siento, pero no puedo.
Es que tengo que estudiar.

b] Ahora practícalos con tu compañero.

10 a) Lee la siguiente lista de actividades. Señala dos que te gustaría hacer y dos que no quieres hacer.

- Ver una película de terror
- Ir a un concierto de jazz
- Jugar al tenis
- Ir a ver un partido de fútbol
- Ir a un concierto de rock
- Ver una obra de teatro
- Dar una vuelta

b) Invita a dos compañeros a lo que te gustaría hacer. Si te invitan a ti, puedes aceptar o rechazar la invitación; en este último caso, pon una excusa.

11 a) Lee estas frases y pregunta al profesor qué significa lo que no entiendas. Luego, intenta ordenar el diálogo.

- Vale. De acuerdo. ¿Y qué podemos hacer? ¿Hay algo?
- Pues mira, hay una exposición de Miró en el Reina Sofía.
- Es que no me va bien tan pronto. ¿Qué te parece a las seis?
- ¡Ah! Muy bien. Me encanta Miró. ¿Cómo quedamos?
- Oye, ¿nos vemos mañana por la tarde?
- Vale. Entonces quedamos a las seis.
- No sé... podemos quedar a las cinco en la puerta.

b) Escucha y comprueba.

PRONUNCIACIÓN

Entonación

12 b) Escucha y repite.

- ¿Nos vemos mañana por la tarde?
- ¿Qué podemos hacer?
- ¿Hay algo interesante?
- ¿Cómo quedamos?
- No me va bien tan pronto.
- ¿Qué te parece a las seis?

FÍJATE EN LA GRAMÁTICA

Invitaciones y citas

Hacer una invitación

- ¿Vamos al cine esta noche? ¿Quieres venir?
- Vale / De acuerdo / Muy bien.

Aceptar o rechazar una invitación

- ¿Vamos al cine esta noche? ¿Quieres venir?
- Lo siento, pero no puedo. Es que tengo que estudiar/ un compromiso.

Concertar citas

- ¿Quedamos mañana por la noche? ¿Nos vemos?
- ¿Cómo quedamos?
- Podemos quedar a las ocho delante del cine.
- No me va bien (a esa hora).
- ¿Qué te parece a las nueve?
- Muy bien / Vale / De acuerdo.

13 Escucha estas conversaciones entre amigos y completa el cuadro.

	¿Quedan?	¿Qué día?	¿A qué hora?	¿Dónde?	¿Para qué?
1			a las 6		no se sabe
2		el miércoles			
3					
4					
5	sí			en el bar de enfrente	

14 **a)** Consulta la cartelera de un periódico local y completa tres días de tu agenda con las actividades que quieres hacer.

b) Elige un espectáculo que te gustaría ver. Luego llama por teléfono a uno o varios de tus compañeros para quedar con alguno que quiera y pueda acompañarte.

¿Lo tienes claro?

15 a) Lee estas invitaciones y estas respuestas. Luego, emparéjalas.

A
Vale.
Te acompaño el lunes al cine.
Te veo mañana.
Araceli.

B
Marisa:
No puedo ir contigo al concierto. Tengo un compromiso.

C
¿Quieres venir al estreno de 'El amigo mexicano'? Es el lunes a las 10 en el Fuencarral.
Dímelo pronto.
Toni.

D
Andrea:
¿Vamos a bailar el viernes por la noche?
Espero tu respuesta.
Un beso.

E
Pepe:
Tengo entradas para el concierto de Los Armónicos, el sábado. ¿Quieres venir?
Llámame.

F
Adolfo:
De acuerdo, vamos a bailar el viernes. Te llamo para quedar. Besos.

b) Ahora escribe una invitación, pero no la firmes. Luego, dásela al profesor.

c) Lee la invitación que te ha dado el profesor y escribe una respuesta.

PELÍCULAS DE ESPAÑA Y AMÉRICA LATINA

1 Mira este cartel y escribe:

El título de la película.
....
....

Cómo lo traducirías en tu lengua.
....
....

El nombre de la actriz principal.
....
....

El nombre del director.
....
....

El número de cines que la ponen.
....
....

2 Ahora piensa en una película que has visto recientemente. Di a tu compañero quiénes son el actor y la actriz principales, el director y en qué cine la ponen. ¿Sabe qué película es?

3 a] Lee estos títulos de películas. Pregunta al profesor las palabras que no entiendas.

BARRIO

ÉL

EL FIN DE LA NOCHE

HABANA

HOMBRES, HOMBRES

LA VENDEDORA DE ROSAS

FRESAS Y CHOCOLATE

LA CHICA TERRIBLE

LAS CARTAS DE ALOU

FLORES DE OTRO MUNDO

ELLA SIEMPRE DICE SÍ

UN LUGAR EN EL MUNDO

el profesor de música

Nunca estás en casa

b] Elige uno de esos títulos y haz mimo para que tus compañeros adivinen cuál es. ¡Recuerda que no puedes hablar!

RECUERDA

COMUNICACIÓN

Iniciar una conversación telefónica

¿Diga? / ¿Dígame? / ¿Sí?

- □ ¿Está Ignacio?
- o Sí, soy yo.
- □ ¿De parte de quién?
- o Un momento, ahora se pone.
- □ En este momento no puede ponerse. Está en la ducha.
- o No, no está.
- □ No, no es aquí. Se ha equivocado.

GRAMÁTICA

Presente de indicativo

- Verbos irregulares: alternancia *o – ue*

Verbo poder

COMUNICACIÓN

Hablar de espectáculos: horarios y lugares

- *¿Qué día actúa Rita Sosa?*
- *¿A qué hora?*
- *¿En qué cine ponen El Sur?*
- *¿Qué hay en la Galería Estampa?*

Hacer una invitación y aceptarla o rechazarla

- □ ¿Vamos al cine esta noche? ¿Quieres venir?
- o Vale / De acuerdo / Muy bien.
- □ Lo siento, pero no puedo. Es que tengo que estudiar/ un compromiso.

Concertar citas

- □ ¿Quedamos mañana por la noche?
- o ¿Nos vemos?
- □ ¿Cómo quedamos?
- o Podemos quedar a las ocho delante del cine.
- □ No me va bien (a esa hora).
- o ¿Qué te parece a las nueve?
- □ Muy bien / Vale / De acuerdo.

GRAMÁTICA

Otros verbos frecuentes con alternancia o – ue:

- *volver* • *doler* • *acostarse* • *contar*
- *dormir* • *encontrar* • *acordarse* • *costar*

(Ver resumen gramatical, apartado 7.1.2.2)

Querer + infinitivo

- *¿Quieres ir al teatro esta tarde?*

Poder + infinitivo

- *Ahora no puede ponerse. Está en una reunión.*
- *Podemos ir a ver una exposición.*

lección

15

¿Qué hiciste ayer?

OBJETIVOS

- Hablar del pasado: expresar lo que se hizo ayer

1 a] Lee el diálogo de estos dos compañeros de clase y responde a las preguntas.

- ¿Qué hiciste ayer por la tarde? ¿Saliste?
- No, me quedé en casa. Vino Rosa y vimos una película en la televisión. Y tú, ¿qué hiciste?
- Pues yo quedé con Gloria y fuimos a dar una vuelta. Estuvimos en el parque del Oeste, luego tomamos una copa y volvimos a casa un poco tarde.

1. ¿De qué día están hablando?
2. ¿Hicieron los dos lo mismo?

b] En el diálogo se usa un tiempo del pasado, el pretérito indefinido. Léelo otra vez y relaciona estos verbos con las formas que aparecen en el diálogo.

Tomar	Volver	Salir	Quedar	Hacer	Venir	Ir	Estar
Tomamos							

FÍJATE EN LA GRAMÁTICA

Pretérito indefinido

Verbos regulares

	-AR	-ER	-IR
	TOMAR	VOLVER	SALIR
yo	tomé	volví	salí
tú	tomaste	volviste	saliste
él/ella/usted	tomó	volvió	salió
nosotros/as	tomamos	volvimos	salimos
vosotros/as	tomasteis	volvisteis	salisteis
ellos-as/ustedes	tomaron	volvieron	salieron

Verbos irregulares

	HACER	VENIR	IR/SER	ESTAR
yo	hice	vine	fui	estuve
tú	hiciste	viniste	fuisteis	estuviste
él/ella/usted	hizo	vino	fue	estuvo
nosotros/as	hicimos	vinimos	fuimos	estuvimos
vosotros/as	hicisteis	vinisteis	fuisteis	estuvisteis
ellos-as/ustedes	hicieron	vinieron	fueron	estuvieron

2 Y tú, ¿hiciste ayer alguna de las cosas que mencionan en la actividad 1? Díselo a tu compañero.

- *Yo también me quedé en casa...*

3 En grupos de tres. Por turnos, cada alumno elige un verbo y lo conjuga, en la persona indicada, en pretérito indefinido. Si lo hace correctamente, escribe su nombre en esa casilla. Gana quien obtiene tres casillas seguidas.

trabajar (yo)	comer (ella)	levantarse (tú)	salir (nosotros)	hablar (ustedes)
venir (ellos)	jugar (nosotras)	ir (yo)	estar (él)	ser (tú)
ducharse (tú)	hacer (ustedes)	estudiar (usted)	escribir (yo)	quedar (vosotros)
vivir (usted)	acostarse (tú)	beber (nosotras)	tomar (ellos)	ver (ella)

4 a) ¿Hiciste ayer estas cosas? Señálalo en la columna correspondiente.

	Tú	Tu compañero	Tu compañero
Levantarse pronto			
Volver a casa tarde			
Hacer los deberes			
Usar el ordenador			
Salir con alguien			
Estar con los amigos			
Ir al cine			
Hacer deporte			
Ver la televisión			

b) En grupos de tres. Averigua si las hicieron tus compañeros y señálalo en el cuadro.

- *¿Te levantaste pronto ayer?*
- *(Sí, ¿y tú?)*
- *(Yo también. / no.)*

c) Observad el cuadro y decidle a la clase quién de vosotros hizo más de esas cosas ayer.

PRONUNCIACIÓN

La sílaba fuerte

5 a) Escucha estas formas verbales y escríbelas en la columna correspondiente.

To **mé**	Vol **vi** mos

b) Escucha de nuevo y subraya la sílaba más fuerte de esas formas verbales.

6 a) Piensa en otras tres cosas que hiciste ayer y a qué hora hiciste cada una de ellas. Luego, anótalo.

A las seis de la tarde fui al gimnasio

b) Dile solo las horas a un compañero para que adivine lo que hiciste.

- Las 6 de la tarde.
- A las 6 de la tarde fuiste al cine.
- No.
- Volviste a casa.
- No, volví más tarde.
- ¡Ah! Fuiste al gimnasio.
- Sí, a las 6 de la tarde fui al gimnasio.

7 Escucha la conversación en la que Mónica le dice a un amigo lo que hizo ayer y completa el cuadro.

Por la Mañana: hizo un examen de inglés

Por la Tarde: ....

Por la Noche: ....

8 a) Observa lo que hizo la señora Paca ayer.

b) Lee las frases y señala si son verdaderas o falsas.

	V	F
1. A Carlos le gusta mucho el esquí.	☐	☐
2. La señora Paca estuvo en la piscina ayer.	☐	☐
3. Fue en bicicleta.	☐	☐
4. Paseó con el perro.	☐	☐
5. Vio un vídeo en su casa.	☐	☐
6. Comió con su novio.	☐	☐
7. Utilizó el ordenador y envió unos correos electrónios.	☐	☐
8. Salió con su nieta y estuvo en una cafetería con ella.	☐	☐
9. Se acostó muy pronto.	☐	☐

c) Sustituye las frases falsas por otras verdaderas.

9 a) Escribe cinco frases expresando otras cosas que crees que hizo la señora Paca. Intercámbialas con un compañero y corrige las suyas. ¿Coincide alguna información?

10 a) Lee esta ficha escrita por una persona que conoció ayer a la señora Paca.

- Ayer conocí a la señora Paca.
- Después de saludarla, le dije: "¿Quiere venir a un concierto de salsa?"
- Y ella me contestó: "Sí, gracias; me encanta la salsa".
- Entonces fuimos a un concierto y bailamos mucho.
- Luego estuvimos con unos amigos.
- Y volvimos a casa un poco tarde.

b) Ahora completa tú la ficha con las informaciones que quieras.

- Ayer conocí a la señora Paca.
- Después de saludarla, le dije: "...".
- Y ella me contestó: "...".
- Entonces ....
- Luego ....
- Y ....

¿Lo tienes claro?

11 a) **Piensa en lo que hiciste ayer y cuéntaselo a un compañero con el que no hayas trabajado en esta lección.**

"Ayer me levanté a las..."

b) **¿Hay muchas cosas que hicisteis los dos? Decídselas a la clase y averiguad cuál es la pareja con más coincidencias.**

"Pues ayer, (Claudia) y yo..."

EL NOMBRE DE ARGENTINA

1 a) Busca en el diccionario el significado de la palabra «plata» (metal). ¿Qué relación puede tener esa palabra con el nombre de Argentina? Coméntalo con tus compañeros.

2 Lee el texto y comprueba. Puedes usar el diccionario.

EL NOMBRE DE ARGENTINA

El nombre de Argentina viene de *argentum*, que en latín significa plata. Su origen está en los viajes de los primeros conquistadores españoles al río de la Plata. Los náufragos de la expedición de Juan Díaz de Solís encontraron en la región a indígenas que les regalaron objetos de plata. Luego, hacia el año 1524, llevaron a España la noticia de la existencia de la legendaria Sierra del Plata, una montaña rica en ese metal precioso. A partir de esa fecha, los portugueses llamaron río de la Plata al río de Solís. Dos años después, los españoles utilizaron también esa denominación. Desde 1860, el nombre República Argentina es la denominación oficial del país.

Fuente: Secretaría de Turismo de la Nación de la República Argentina.

3 Lee de nuevo y subraya la opción correcta.

1. El nombre de Argentina es de origen **americano** **europeo**.
2. Los indígenas recibieron **bien** **mal** a los españoles que fueron con Juan Díaz de Solís.
3. Los **españoles** **portugueses** fueron los primeros que usaron el nombre de río de la Plata.
4. El nombre oficial de República Argentina existe desde el siglo **XVI** **XIX**.

4 ¿Hay algo que te parezca curioso o interesante? Coméntalo con tus compañeros.

RECUERDA

COMUNICACIÓN

Hablar del pasado: expresar lo que hicimos ayer...

- ¿Qué hiciste ayer por la tarde? ¿Saliste?
- No, me quedé en casa y luego me acosté muy pronto.
- Pues yo estuve con Héctor y fuimos a cenar a un restaurante mexicano.

GRAMÁTICA

Pretérito indefinido

■ Verbos regulares

Hablar	Salir	Comer
hablé	salí	comí
hablaste	saliste	comiste
habló	salió	comió
hablamos	salimos	comimos
hablasteis	salisteis	comisteis
hablaron	salieron	comieron

(ver resumen gramatical, apartado 7.2.1)

■ Verbos irregulares

• *hacer* • *venir* • *estar*

Hacer	Venir	Estar
hice	vine	estuve
hiciste	viniste	estuviste
hizo	vino	estuvo
hicimos	vinimos	estuvimos
hicisteis	vinisteis	estuvisteis
hicieron	vinieron	estuvieron

(ver resumen gramatical, apartado 7.2.2)

(ver resumen gramatical, apartado 7.2.2.1)

lecciones

Repaso

11-12-13-14-15

1 DÍA A DÍA.

a) Escribe estas actividades en el mismo orden que las realizas en un día normal.

comer volver a casa levantarse hacer los deberes
empezar las clases desayunar acostarse
terminar las clases cenar

1. *levantarse*

b) Ahora escribe un texto sobre las cosas que haces un día normal y a qué hora.

Normalmente me levanto a las... Luego...

c) Coméntalo con tus compañeros y busca uno con el que coincidas en cuatro cosas.

- *Yo normalmente me levanto a las..., ¿y tú?*
- *Yo, también / a las...*

d) Decídselo a la clase.

(Marco) y yo...

2 ¿CON QUÉ FRECUENCIA?

Campo Tenis Compra Copas Limpieza Compras

a) Forma una expresión a partir de cada palabra.

Ir al campo.

b) ¿Haces esas cosas con frecuencia los fines de semana? Escríbelo.

A veces voy al campo los fines de semana.

3 ¿QUÉ HICISTE AYER?

a) ¿Qué verbos te parecen más difíciles en pretérito indefinido? Utilízalos para escribir frases verdaderas o falsas sobre lo que hiciste ayer.

b) Intercámbialas con un compañero para descubrir las falsas.

4 JUGAMOS CON LAS PALABRAS.

a) Haz una lista de seis palabras o expresiones difíciles que has aprendido en las lecciones 11-15.

b) Enséñaselas a tu compañero y explícale las que no entienda. Si coinciden algunas, pensad en otras nuevas hasta completar la lista de doce en total.

c) Pasadle la lista a otra pareja que escriba una frase con cada una de las palabras o expresiones que aparecen. Gana la pareja que escriba correctamente más frases.

5 JUEGO DE REPASO.

En grupos de cuatro. Juega con un dado y una ficha de color diferente a la de tus compañeros.

1. Por turnos. Tira el dado y avanza el número de casillas que indique.
2. Habla del tema de la casilla en la que caigas.
3. ¡Atención a las casillas en las que puedes hacer una pregunta a un compañero o te la pueden hacer a ti!

SALIDA	1 Tu pueblo o tu ciudad	2 Tu actor favorito	3 El centro donde estudias español	4 Tu música preferida	5 Tu habitación	6 Tus compañeros te pueden hacer una pregunta
12 Pregunta lo que quieras a un compañero	11 Un aspecto de la vida española que te gusta	10 Tus padres	9 Tu profesor de español	8 Los deportes que te gustan	7 Tu novio/a	
	13 Tu casa ideal	14 Algunos remedios que aprendiste en la lección 13	15 Los sábados por la mañana	16 Un famoso que no te gusta nada	17 ¿Por qué estudias español?	18 Tus compañeros te pueden hacer una pregunta
24 Pregunta lo que quieras a un compañero	23 Tu actriz favorita	22 Un programa de televisión que no te gusta	21 ¿Qué hiciste ayer por la mañana?	20 Tu jefe o director del centro donde estudias	19 Tu cantante o grupo preferido	
	25 Tus hermanos/as	26 Los domingos por la tarde	27 Tu medio de transporte preferido	28 Este libro	29 Una ciudad que te gusta mucho	30 Tus compañeros te pueden hacer una pregunta
36 Pregunta lo que quieras a un compañero	35 ¿Qué hiciste ayer por la noche?	34 Un espectáculo que hay ahora en tu ciudad	33 ¿Qué hiciste ayer por la tarde?	32 Un personaje famoso que te gustaría ser	31 Un buen amigo	
	37 El hombre/ la mujer de tus sueños	38 Una ciudad española que quieres visitar	39 Lo que haces un día normal	40 Un director de cine que te gusta	41 Los viernes por la noche	LLEGADA

Preparación de la tarea

A) Mira esta cartelera y escribe las respuestas a las preguntas.

1. ¿Qué día actúa Tanita Tikaram en Madrid?
2. ¿Dónde puedes ver la exposición de María Elena Vieira da Silva?
3. ¿Quién es el director de «Amor perseguido»?
4. ¿Quién es el protagonista de «Dancing Machine»?
5. ¿Cuántos conciertos de música de Mozart hay en mayo?

Calendario MAYO

Lunes	Martes	Miércoles	Jueves	Viernes	Sábado	Domingo
		1 Madrid en danza (Sala Olimpia y Centro Cultural de la Villa)	2 FIESTAS DEL 2 DE MAYO Gipsy Kings (Plaza de Colón)	3	4 50 aniversario del hipódromo de la Zarzuela	5 «La Flauta Mágica» de Mozart (Auditorio Nacional)
6	7	8	9 «Bastián y Bastiana» de Mozart (Real Coliseo)	10 «Dancing Machine» (con Alain Delon) La Unión (Pab. Real Madrid)	11	12 Tenessee (Pabellón del Real Madrid)
13 Los Sencillos Godfathers (Pabellón del Real Madrid)	14 Los Limones Tam Tam Go (Pabellón del Real Madrid)	15 Frant 242 (Universal Sur) FIESTA SAN ISIDRO «Amor perseguido» (de Alan Rudolph)	16 Cómplices (Pabellón del Real Madrid)	17 «Escenas en una galería» (de Woody Allen) María Elena Vieira da Silva (Juan March)	18 Espontáneos La Frontera (Pabellón del Real Madrid)	19
20	21 21° aniversario de la muerte de Bob Marley Pet Shop Boys (Palacio de deportes)	22	23	24 Tratado de pintura (Espectáculo coreográfico sobre la poética del movimiento de Leonardo Da Vinci)	25 Recital de Irwing Cage (Auditorio Nacional)	26
27 The Silencers (Universal Sur)	28 Inspiral Carpets (Universal Sur)	29 Tanita Tikaram (Palacio de los Congresos)	30 «Nuevos rebeldes» «El placer de los extraños»	31 Orquesta de Cámara de Holanda (Auditorio Nacional)		

B) Escucha esta llamada telefónica y completa el cuadro.

¿A qué le invita?	
¿Para qué día es la invitación?	
¿Acepta?	
¿A qué hora quedan?	
¿Dónde quedan?	

C) Ahora mira la información del cuadro y la de la cartelera y di qué día del mes de mayo están hablando por teléfono.

¿Quedamos para salir?

En marcha

1 Imaginad en parejas, que estamos a 12 de mayo, domingo. Consultad la cartelera de la próxima semana y elegid un espectáculo que os gustaría ver.

2 Cambiad de pareja e invitad al compañero.

- ¿Quieres venir al cine el viernes?
- ¿Hay algo interesante?
- Sí, ponen...
- Lo siento pero fui la semna pasada, me gustó muchísimo.
- Bueno, ¿Y si vamos al concierto de...?
- ¡Vale! Me encanta... ¿Cómo quedamos?
- ¿Quedamos...?
- De acuerdo...

3 Describe al día siguiente, tus experiencias en tu diario.

resumen gramatical

1 El alfabeto

LETRA	NOMBRE DE LA LETRA	SE PRONUNCIA	EJEMPLO
A, a	a	/a/	L**a** H**a**b**a**n**a**
B, b	be	/b/	**B**arcelona
C, c	ce	/θ/, /k/	**c**ine, **C**armen
D, d	de	/d/	a**d**iós
E, e	e	/e/	**E**spaña
F, f	efe	/f/	telé**f**ono
G, g	ge	/g/, /x/	Mála**g**a, Án**g**el
H, h	hache	–	**h**otel
I, i	i	/i/	**I**tal**i**a
J, j	jota	/x/	**J**apón
K, k	ka	/k/	**k**ilómetro
L, l	ele	/l̬/	**L**ima
M, m	eme	/m/	**M**adrid
N, n	ene	/n/	**n**o
Ñ, ñ	eñe	/ɲ/	Espa**ñ**a
O, o	o	/o/	T**o**led**o**
P, p	pe	/p/	**P**erú
Q, q	cu	/k/	**Q**uito
R, r	erre	/r̄/, /r/	guita**rr**a, ae**r**opue**r**to
S, s	ese	/s/	**s**í
T, t	te	/t/	**t**ea**t**ro
U, u	u	/u/	**U**r**u**g**u**ay
V, v	uve	/b/	**V**enezuela
W, w	uve doble	/w/, /b/	**w**hisky, **w**ater
X, x	equis	/ks/, /s/	ta**x**i, e**x**tranjero
Y, y	i griega	/y/, /i/	**y**o, Paragua**y**
Z, z	zeta	/θ/	pla**z**a

Observaciones:

- La letra **h** no se pronuncia en español (hola, hospital).
- Las letras **b** y **v** se pronuncian igual: /b/ (Buenos Aires, Valencia).
- El sonido /r̄/ se escribe con:
  - **rr** entre vocales (*perro*).
  - **r** al principio de palabra (*Roma*) o detrás de **l**, **n** y **s** (alrededor, Enrique, Israel).

  En los demás casos, la **r** se pronuncia /r̄/, por ejemplo, *pero*.
- La letra **x** se pronuncia /s/ delante de consonante (*exterior*).
- Las letras **c**, **z** y **q**:

SE ESCRIBE	SE PRONUNCIA
za	/θa/
ce	/θe/
ci	/θi/
zo	/θo/
zu	/θu/

SE ESCRIBE	SE PRONUNCIA
ca	/ka/
que	/ke/
qui	/ki/
co	/ko/
cu	/ku/

- Las letras **g** y **j**:

SE ESCRIBE	SE PRONUNCIA
ga	/ga/
gue	/ge/
gui	/gi/
go	/go/
gu	/gu/
güe	/gue/
güi	/gui/

SE ESCRIBE	SE PRONUNCIA
ja	/xa/
je, ge	/xe/
ji, gi	/xi/
jo	/xo/
ju	/xu/

2 El sustantivo

2.1. GÉNERO DEL SUSTANTIVO

masculino	femenino	masculino o femenino
–o	–a	–e
		–consonante

- (el teléfono)
- (la tienda)
- (la clase) • (el restaurante)
- (el hospital) • (la canción)

Observaciones:

- El sexo determina el género del sustantivo en los casos de personas y animales.
  - El hij**o** → la hij**a** • El gat**o** → la gat**a**

  Algunos de estos sustantivos tienen una forma diferente para cada sexo.
  - **El hombre → la mujer** • **El padre → la madre**
- Muchos sustantivos terminados en -**ante** o -**ista** son masculinos y femeninos.
  - El estudi**ante** • La estudi**ante**
  - El art**ista** • La art**ista**
- Muchos sustantivos terminados en -**ma** son masculinos.
  - **El** proble**ma** • **El** progra**ma**
- Algunos sustantivos terminados en -**o** son femeninos.
  - **La** radi**o** • **La** man**o**

2.2. NÚMERO DEL SUSTANTIVO

Singular terminado en	para formar el plural, se añade
a, e, i, o, u	**s**
á, é, ó	
consonante	**es**
í, ú	

- (médico) → (médico**s**)
- (café) → (café**s**)
- (hospital) → (hospital**es**)

Observaciones:

- Los sustantivos terminados en -**z** hacen el plural cambiando la **z** por **c** y añadiendo -**es**.
  - Actri**z** → Actri**ces**
- Algunos sustantivos terminados en -**s** no cambian en plural.
  - **El** lunes → **los** lunes
- Algunos sustantivos terminados en -**í** o en -**ú** forman el plural añadiendo -**s**.
  - **El** esquí → **los** esquí**s** • **El** menú → **los** menú**s**

3 El adjetivo calificativo

3.1. GÉNERO DEL ADJETIVO CALIFICATIVO

masculino	femenino	masculino o femenino
–o	–a	–e
		–consonante

- (sueco)
- (sueca)
- (verde)
- (azul)

Observaciones:

- El adjetivo calificativo concuerda con el sustantivo en género y número.
  - Mi profesor es colombian**o** • Mi profesor**a** es colombian**a**
- Los adjetivos de nacionalidad terminados en -**consonante** hacen el femenino añadiendo -**a**.
  - Francé**s** - frances**a** • Andalu**z** - andaluz**a**
- Los adjetivos de nacionalidad que terminan en -**a** o en -**í** son invariables.
  - Belg**a** • Iran**í**

3.2. NÚMERO DEL ADJETIVO CALIFICATIVO

El plural de los adjetivos calificativos se forma de la misma manera que el de los sustantivos (ver cuadro 2.2).

- Alto - alto**s** • Delgada - delgada**s** • Verde - verde**s**
- Gris - gris**es** • Japonés - japones**es** • Marroquí - marroquí**es**

4 Artículos

El artículo concuerda con el sustantivo en género y número.

- **El** camarero - **los** camarer**os** • **Una** carta - **unas** cart**as**

En el caso de los sustantivos invariables, el artículo marca el género y el número.

- **Un** cantante - **una** cantante • **El** martes - **los** martes

4.1. ARTÍCULOS DETERMINADOS

	Masculino	Femenino
singular	el	la
plural	los	las

Se usa el artículo determinado cuando los hablantes conocen la identidad de la persona o cosa mencionada.

—Le presento a Mónica, **la** nueva secretaria.
—Vivo en **la** calle Embajadores, número diez.

Observaciones:

- **A + el → al.**
  —¿Vamos **al** cine esta noche?
- **De + el → del.**
  —Mira, esa es la mujer **del** director.

4.2. ARTÍCULOS INDETERMINADOS

	Masculino	Femenino
singular	uno	una
plural	unos	unas

Se usa el artículo indeterminado cuando un hablante introduce o especifica una nueva persona o cosa.
Yo trabajo en **un** restaurante.

5 Posesivos

Los posesivos concuerdan con el sustantivo en género y número.

—Tu**s** herman**os** no viven aquí, ¿verdad?

—Es una amig**a** mí**a**.

5.1. FORMAS ÁTONAS

MASCULINO		FEMENINO	
SINGULAR	PLURAL	SINGULAR	PLURAL
mi	**mis**	**mi**	**mis**
tu	**tus**	**tu**	**tus**
su	**sus**	**su**	**sus**
nuestro	**nuestros**	**nuestra**	**nuestras**
vuestro	**vuestros**	**vuestra**	**vuestras**
su	**sus**	**su**	**sus**

Observaciones:

- Van delante del sustantivo.

  —¿A qué se dedica **tu** padre?

5.2. FORMAS TÓNICAS

MASCULINO		FEMENINO	
SINGULAR	PLURAL	SINGULAR	PLURAL
mío	**míos**	**mía**	**mías**
tuyo	**tuyos**	**tuya**	**tuyas**
suyo	**suyos**	**suya**	**suyas**
nuestro	**nuestros**	**nuestra**	**nuestras**
vuestro	**vuestros**	**vuestra**	**vuestra**
suyo	**suyos**	**suya**	**suyas**

Observaciones:

- Pueden ir:
  - Detrás del sustantivo.

    —Un **amigo mío**.
  - Detrás del verbo.

    —Ese libro **es tuyo**, ¿no?
  - Detrás del artículo y otros determinantes del sustantivo.

    —Mi novia es muy inteligente.

    —*La mía* también.

6 Demostrativos

6.1. ADJETIVOS DEMOSTRATIVOS

MASCULINO		FEMENINO	
SINGULAR	PLURAL	SINGULAR	PLURAL
este	**estos**	**esta**	**estas**
ese	**esos**	**esa**	**esas**
aquel	**aquellos**	**aquella**	**aquellas**

Observaciones:

- Los adjetivos demostrativos van delante del sustantivo.

  —¿Puedo ver **ese bolígrafo**?
- Concuerdan con el sustantivo en género y número.

  —¿Cuánto cuesta est**e** diccionari**o**?

6.2. PRONOMBRES DEMOSTRATIVOS

MASCULINO		FEMENINO	
SINGULAR	PLURAL	SINGULAR	PLURAL
éste	**éstos**	**ésta**	**éstas**
ése	**ésos**	**ésa**	**ésas**
aquél	**aquéllos**	**aquélla**	**aquéllas**

Observaciones:

- Los pronombres demostrativos tienen el género y el número del sustantivo al que se refieren.

  —**Ésta** es mi profesora de español.
- Las formas **esto**, **eso** y **aquello** no indican género y solo funcionan como pronombres

  —¿Cómo se dice **esto** en español?

7 Verbos

En español hay tres grupos de verbos. El infinitivo puede terminar en **-ar**, **-er** o **-ir**.

7.1. PRESENTE DE INDICATIVO

7.1.1. Verbos regulares

	HABLAR	COMER	VIVIR
(Yo)	habl**o**	com**o**	viv**o**
(Tú)	habl**as**	com**es**	viv**es**
(Él/ella/usted*)	habl**a**	com**e**	viv**e**
(Nosotros/nosotras)	habl**amos**	com**emos**	viv**imos**
(Vosotros/vosotras)	habl**áis**	com**éis**	viv**ís**
(Ellos/ellas/ustedes*)	habl**an**	com**en**	viv**en**

7.1.2. Verbos irregulares

7.1.2.1. Ser, estar e ir:

	SER	ESTAR	IR
(Yo)	**soy**	**estoy**	**voy**
(Tú)	**eres**	**estás**	**vas**
(Él/ella/usted*)	**es**	**está**	**va**
(Nosotros/nosotras)	**somos**	**estamos**	**vamos**
(Vosotros/vosotras)	**sois**	**estáis**	**vais**
(Ellos/ellas/ustedes*)	**son**	**están**	**van**

* **Usted** y **ustedes** designan a segundas personas, pero se usan con la mismas formas verbales que **él/ella** y **ellos/ellas** (terceras personas).

7.1.2.2. Irregularidades que afectan a las tres personas del singular y a la tercera del plural.

e → ie	o → ue	e → i	verbos en -uir (u → uy)	verbo *jugar* (u → ue)
QUERER	PODER	PEDIR	INCLUIR	JUGAR
qu**ie**ro	pu**e**do	p**i**do	inclu**y**o	ju**e**go
qu**ie**res	pu**e**des	p**i**des	inclu**y**es	ju**e**gas
qu**ie**re	pu**e**de	p**i**de	inclu**y**e	ju**e**ga
queremos	podemos	pedimos	incluimos	jugamos
queréis	podéis	pedís	incluís	jugáis
qu**ie**ren	pu**e**den	p**i**den	inclu**y**en	ju**e**gan

7.1.2.3. **c** → **zc** en la primera persona del singular (verbos en **-ecer**, **-ocer** y **-ucir**)

conocer → cono**z**co
conducir → condu**z**co
traducir → tradu**z**co

7.1.2.4. Verbos con la primera persona del singular irregular:

hacer → ha**g**o
salir → sal**g**o
poner → pon**g**o
traer → trai**g**o
saber → **sé**
ver → v**e**o
dar → do**y**

7.1.2.5. Verbos con doble irregularidad:

TENER
ten**g**o
t**ie**nes
t**ie**ne
tenemos
tenéis
t**ie**nen

VENIR
ven**g**o
v**ie**nes
v**ie**ne
venimos
venís
v**ie**nen

DECIR
d**ig**o
d**i**ces
d**i**ce
decimos
decís
d**i**cen

OÍR
o**ig**o
o**y**es
o**y**e
oímos
oís
o**y**en

USOS:

Para expresar lo que hacemos habitualmente.
—Todos los días **me levanto** a las ocho.
Para dar información sobre el presente.
—**Está** casada y **tiene** dos hijos.
Para ofrecer y pedir cosas.
—¿**Quieres** más ensalada?
—¿Me **das** una hoja, por favor?

Para hacer sugerencias.
—¿Por qué no **vas** al médico?
Para hacer invitaciones.
—¿**Quieres** venir a la playa con nosotros?
Para hablar del futuro.
—Mañana **actúa** Prince en Barcelona.

7.2. PRETÉRITO INDEFINIDO

7.2.1. Verbos regulares

HABLAR	SALIR	COMER
habl**é**	sal**í**	com**í**
habl**aste**	sal**iste**	com**iste**
habl**ó**	sal**ió**	com**ió**
habl**amos**	sal**imos**	com**imos**
habl**asteis**	sal**isteis**	com**isteis**
habl**aron**	sal**ieron**	com**ieron**

7.2.2. Verbos irregulares

7.2.2.1. Los verbos *ser* e *ir* tienen las mismas formas:

fui
fuiste
fue
fuimos
fuisteis
fueron

7.2.2.2. Verbos de uso frecuente con raíz y terminaciones irregulares:

INFINITIVO	RAÍZ	TERMINACIONES
tener	**tuv-**	
estar	**estuv-**	
poder	**pud-**	– **e**
poner	**pus-**	– **iste**
saber	**sup-**	– **o**
andar	**anduv-**	– **imos**
hacer	**hic-/hiz-**	– **isteis**
querer	**quis-**	– **ieron**
venir	**vin-**	
decir	**dij-**	
traer	**traj-**	

7.2.2.3. **o** → **u** en las terceras personas

DORMIR	MORIR
dormí	
dormiste	
d**u**rmió	m**u**rió
dormimos	
dormisteis	
d**u**rmieron	m**u**rieron

7.2.2.4. e → i en las terceras personas de los verbos en e ... ir (excepto decir)

PEDIR
ped**í**
pediste
p**i**dió
pedimos
pedisteis
p**i**dieron

7.2.2.5. «y» en las terceras personas de la mayoría de los verbos terminados en **vocal + er/ir**

LEER
leí
leíste
le**y**ó
leímos
leísteis
le**y**eron

OIR
oí
oíste
o**y**ó
oímos
oísteis
o**y**eron

7.2.2.6. Verbo ***dar***

DAR
di
diste
dio
dimos
disteis
dieron

USOS:

Para hablar de acciones o sucesos pasados situados en una unidad de tiempo independiente del presente. Lo utilizamos con referencias temporales tales como **ayer, el otro día, la semana pasada, el mes pasado, el año pasado,** etc.

—Ayer **comí** con Cristina.

—El año pasado **estuve** de vacaciones en Irlanda.

7.3. IMPERATIVO AFIRMATIVO

-AR	-ER	-IR	
entr**a**	le**e**	abr**e**	(tú)
entr**e**	le**a**	abr**a**	(usted)
entr**ad**	le**ed**	abr**id**	(vosotros)
entr**en**	le**an**	abr**an**	(ustedes)

Observaciones:

- Tú: el imperativo afirmativo es igual a la tercera persona singular del presente de indicativo.

  —**Toma**. —¿Puedo cerrar la ventana?
  —**Sigue** todo recto... —Sí. **Cierra**, **cierra**.

  Expresiones:

  hacer → **haz** salir → **sal**
  poner → **pon** decir → **di**
  venir → **ven** ir → **ve**
  tener → **ten** ser → **sé**

- Los verbos irregulares en la primera persona del presente de indicativo tienen la misma irregularidad en el imperativo afirmativo de las personas **usted** y **ustedes**.

  C**ie**rro → c**ie**rre, c**ie**rren.
  P**i**do → p**i**da, p**i**dan.
  Ha**g**o → ha**g**a, ha**g**an.

  Excepciones:

  Ir → **vaya, vayan.**
  Ser → **sea, sean.**
  Estar → **esté, estén.**
  Dar → **dé, den.**

- **Vosotros**: el imperativo afirmativo se construye sustituyendo la **r** final del infinitivo por una **d**.

  Estudiar → estudia**d**
  Venir → veni**d**
  Salir → sali**d**

Pero en los verbos reflexivos esa forma (sentad, por ejemplo) pierde la **d**. A veces se usa el infinitivo.

—¿Podemos sentarnos?
—Sí, sí. **Sentaos** / **sentaros.**

- Los pronombres van detrás del imperativo afirmativo, formando con este una sola palabra.

  —¿Puedo abrir la puerta? Es que tengo mucho calor.
  —*Sí, sí. Ábrela.*

USOS: Para dar instrucciones.

—Oiga, perdone, ¿el restaurante Villa está cerca de aquí?
—Sí, muy cerca. **Siga** todo recto y **gire** la primera a la derecha...

Para ofrecer cosas.

—**Coge**, **coge** otro pastel, que están muy buenos.

Para conceder permiso.

—¿Puedo bajar un poco el volumen de la tele?
—*Sí, sí.* ***Bájalo.***

8 Pronombres personales

8.1. SUJETO

	1.ª PERSONA	2.ª PERSONA	3.ª PERSONA
singular	**yo**	**tú** / **usted**	**él** / **ella**
plural	**nosotros** / **nosotras**	**vosotros** / **vosotras** / **ustedes**	**tú** / **ellos** / **ellas**

8.2. OBJETO INDIRECTO

	1.ª PERSONA	2.ª PERSONA	3.ª PERSONA
singular	**me**	**te** / **lo/le/la**	**lo/le** / **la**
plural	**nos**	**os** / **los/les/las**	**los/les** / **las**

8.3. REFLEXIVOS

	1.ª PERSONA	2.ª PERSONA	3.ª PERSONA
singular	**me**	**te** / **se**	**se**
plural	**nos**	**os** / **se**	**se**

8.4. PREPOSICIÓN + PRONOMBRE PERSONAL

	1.ª PERSONA	2.ª PERSONA	3.ª PERSONA
singular	**mí**	**ti** / **usted**	**él** / **ella**
plural	**nosotros** / **nosotras**	**vosotros** / **vosotras** / **ustedes**	**ellos** / **ellas**

Observaciones:

- Normalmente no usamos el pronombre personal sujeto porque las terminaciones del verbo indican qué persona realiza la acción.

  —¿Cómo te llamas? **(tú)**.

- Lo utilizamos para dar énfasis al sujeto o para marcar una oposición.

  —**Yo** trabajo en un barco.
  —*Pues yo soy estudiante.*

- Yo y tú no pueden combinarse con preposiciones; en ese caso, se sustituyen por las formas correspondientes: **mí** y **ti**.

  —¿Esto es para **mí**?
  —*Sí, sí. Para **ti**.*

- Cuando van precedidas de la preposición **con**, usamos unas formas diferentes: **conmigo** y **contigo**.

  —¿Quieres venir al cine **conmigo**?

- Los pronombres personales de objeto indirecto y reflexivos van delante del verbo conjugado.

  —¿**Te** gusta?
  —¿**Os** acostáis muy tarde?

- Pero cuando los combinamos con el imperativo afirmativo, van siempre detrás, formando una sola palabra con el verbo.

  —¿Me puedo sentar?
  —*Sí, sí. Siénte**se**.*

- Con infinitivo y gerundio pueden ir detrás de estas formas verbales, formando una sola palabra, o delante del verbo conjugado.

  —Voy a duchar**me** = **me** voy a duchar.
  —Está duchándo**se** = **se** está duchando.

9 Interrogativos

9.1. ¿QUIÉN? ¿QUIÉNES?

¿**Quién/quiénes** + verbo?

Para preguntar por la identidad de personas en general.

—¿**Quién** es?
—*Laura, mi profesora de español.*

—¿**Quiénes** son esos niños?
—*Mis primos de Valencia.*

9.2. ¿QUÉ?

9.2.1. ¿Qué + verbo?

9.2.1.1. Para preguntar por la identidad de cosas en general.

- ¿Qué es eso?

9.2.1.2. Para preguntar por acciones.

—¿**Qué** vas a hacer esta noche?
—*Voy a ir al teatro con Ernesto.*

9.2.2. ¿Qué + sustantivo + verbo?

Para preguntar por la identidad de personas o cosas de una misma clase.

—¿Qué lenguas hablas?
—*Inglés e italiano.*

—¿Qué actores españoles te gustan?
—*Luis Ciges y Paco Rabal.*

9.3. ¿CUÁL? ¿CUÁLES?

¿Cuál / cuáles + verbo?

Para preguntar por la identidad de personas o cosas de una misma clase.

—¿**Cuál** es la moneda de tu país?
—*El franco belga.*

—¿**Cuál** te gusta más? (de esos dos cantantes).
—*Fernando Usuriaga.*

9.4. ¿DÓNDE?

¿**Dónde** + verbo?

Para preguntar por la localización en el espacio.

—¿**Dónde** vives?
—*En Málaga.*

9.5. ¿CUÁNDO?

¿**Cuándo** + verbo?

Para preguntar por la localización en el tiempo.

—¿**Cuándo** te vas de vacaciones?
—*El sábado.*

9.6. ¿CUÁNTO?, ¿CUÁNTA?, ¿CUÁNTOS?, ¿CUÁNTAS?

Para preguntar por la cantidad.

9.6.1. ¿Cuánto + verbo?

—¿**Cuánto** cuesta esta agenda?
—*Mil doscientas pesetas.*

9.6.2. ¿Cuánto / cuánta / cuántos / cuántas (+ sustantivo) + verbo?

—¿**Cuántas** hermanas tienes?
—*Dos.*

9.7. ¿CÓMO?

¿**Cómo** + verbo?

9.7.1. Para preguntar por las características de personas o cosas.

— ¿Cómo es tu profesor?
—*Alto, rubio, bastante gordo... y muy simpático.*

9.7.2. Para preguntar por el modo.

— ¿**Cómo** vienes a clase?
—*En bicicleta.*

9.8. ¿POR QUÉ?

¿**Por qué** + verbo?

Para preguntar por la causa o la finalidad.

- ¿**Por qué** estudias español?

Observaciones:

- Los interrogativos pueden ir precedidos de determinadas preposiciones.
  - ¿**De** dónde es?
  - ¿**A** qué te dedicas?
  - ¿**Con** quién vives?
- **¿Por qué? – porque**
  - ¿**Por qué** estudias ruso? (PREGUNTA).
  - **Porque** quiero ir de vacaciones a Moscú (RESPUESTA).

10 Hay - Está(n)

10.1. HAY

Es una forma impersonal del presente de indicativo del verbo **haber**.

Utilizamos **hay** cuando expresamos la existencia de cosas o personas.

- **Hay** + **un(os)** / **una(s)** / **dos** / **tres** / ... + sustantivo.
- **Hay** + **uno** / **una** / **dos** / **tres** / ...
- **Hay** + sustantivo.

—Perdone, ¿sabe si **hay un** estanco por aquí cerca?
—*Sí, **hay uno** en esa plaza, al lado de la parada de autobús.*
—En Madrid no **hay** playa.

10.2. ESTÁ, ESTÁN

Usamos **está** o **están** cuando localizamos a personas o cosas que sabemos o suponemos que existen.

—¿Y David?
—***Está** en la biblioteca.*
—Perdona, ¿el Teatro Griego **está** por aquí?
—*Sí, **está** al final de esta misma calle, a la derecha.*

Observa estas frases:

—¿Dónde **está el Banco Mediterráneo**?
—¿Sabe si **hay un banco** por aquí?
—En esta ciudad **hay un museo** muy interesante.
—**El Museo Arqueológico está** en la Plaza Mayor.

11 Ser - Estar

11.1. SER

- Identidad.
  —**Eres la hermana de Gloria**, ¿verdad?
- Origen, nacionalidad.
  —Luciano Pavarotti **es italiano**.
- Profesión.
  —**Soy ingeniero.**
- Descripción de personas, objetos y lugares.
  —**Es alta, morena** y lleva gafas.
  —Tu coche **es negro**, ¿no?
  —**Es** una ciudad **pequeña y muy tranquila**.
- Descripción o valoración del carácter de una persona.
  —Mi hermano pequeño **es muy gracioso**.
- La hora.
  —¡Ya **son las dos**!
- Materia.
  —Esa camisa **es de algodón**, ¿verdad?
- Localización en el tiempo.
  —Mi cumpleaños **es el siete de mayo**.
- Posesión.
  —¿**Es tuyo** este periódico?
  —No, **es de Ricardo**.
- Valoración de objetos, actividades y períodos de tiempo.
  —Este diccionario **es muy bueno**.
  —El viaje **fue muy agradable**.
  —Hoy **ha sido** un día **horrible**.

11.2. ESTAR

- Localización en el espacio.
  —El quiosco **está enfrente del bar**.
- Estados físicos o anímicos de personas.
  —¿Estás cansada?
  —*Sí, **estoy cansadísima.***
  —**Estás muy contento**, ¿no?
- Circunstancias o estados de objetos y lugares.
  —¿Funciona esta radio?
  —*No, **está rota.***
  —¿Ya **está abierta** la farmacia?
- Valoración de alimentos consumidos.
  —¡**Qué bueno está** este filete!
- Descripción de situaciones (estar + gerundio).
  —¿Qué hace la niña?
  —***Está jugando** en el patio.*

12 Gustar

Para expresar gustos personales.

- **A ti te gusta** mucho esquiar, ¿verdad?
- **Me gusta** mucho tu chaqueta.
- **A mí no me gustan** las motos.

(A mí) (A ti) (A usted/él/	Me Te Le	gusta gustan	(mucho) (bastante)	bailar los niños
(A nosotros/nosotras) (A vosotros/vosotras) (A ustedes/ellos/ellas)	Nos Os Les	gusta gustan	(mucho) (bastante)	el teatro los niños

Observaciones:

- El verbo **encantar** sirve también para expresar gustos personales, pero no puede utilizarse con adverbios.
  - **Me encanta** ~~mucho~~ la música clásica.
  - **Me encantan** estos zapatos.

13 También, tampoco, sí, no

- **También, tampoco:** para expresar coincidencia o acuerdo con lo que ha dicho otra persona.
- **También** responde a frases afirmativas; **tampoco**, a frases negativas.

—Yo vivo con mis padres.
—*Yo **también.***
—Me gusta mucho este disco.
—*A mí **también.***

—No tengo coche.
—***Yo tampoco.***
—No me gustan las discotecas.
—*A mí **tampoco.***

- **Sí, no**: para expresar no coincidencia o desacuerdo con lo que ha dicho otra persona.
- **Sí** responde a frases negativas; **no**, a frases afirmativas.

—No tengo coche.
—*Yo **sí.***
—No me gustan las discotecas.
—*A mí **sí.***

—Yo vivo con mis padres.
—*Yo **no.***
—Me gusta mucho este disco.
—*A mí **no.***

Observaciones:

- En las respuestas de este tipo de diálogos usamos siempre pronombres personales (**yo, tú, él**, etc.); a veces van precedidos de preposición (**a mí, a ti, a él**, etc.).

—Estudio Sociología.
—***Yo** también.*

—No me gusta nada este libro.
—***A mí** tampoco.*

14 Expresión de la frecuencia

14.1. PARA EXPRESAR FRECUENCIA PODEMOS UTILIZAR:

+	**siempre**
↓	**casi siempre**
	normalmente / generalmente
	a menudo
	a veces
	casi nunca (no ... casi nunca)
–	**nunca (no ... nunca)**

—¿Cómo vienes a clase?
—*En autobús.*
—Pues yo vengo **siempre** en metro / **siempre** vengo en metro / vengo en metro **siempre**.
—¿Cómo vienes a clase?
—*En autobús.*
—¡Ah! Pues yo no vengo nunca en autobús / nunca vengo en autobús.

15 Muy - Mucho

• **MUY**

muy	+	adjetivo / adverbio

• Mi habitación es **muy** pequeña.
—¿Qué tal estás?
—***Muy** bien. ¿Y tú?*

• **MUCHO, MUCHA, MUCHOS, MUCHAS**

mucho/a/os/as	+	sustantivo

• En esta calle hay **muchos** bares.
• Hoy tengo **mucho** sueño.

• **MUCHO**

verbo	+	**mucho**

—Yo trabajo **mucho.**

Observaciones:

- **Muy** no modifica nunca a sustantivos.
  • Tengo ~~muy~~ amigos aquí. (*Tengo **muchos** amigos aquí*).
- Tampoco funciona como adverbio independiente.
  • Me duele ~~muy~~. (*Me duele **mucho***).
- **Mucho** no modifica nunca a adjetivos ni a adverbios.
  • Es ~~mucho~~ alto. (*Es **muy** alto*).
  • Habla ~~mucho~~ bien. (*Habla **muy** bien*).

16 Frases exclamativas

¡**Qué** + adjetivo (+ verbo)!
• ¡**Qué** guapo!
• ¡**Qué** grande es!
¡**Qué** + sustantivo (+ verbo)!
• ¡**Qué** calor!
• ¡**Qué** sed tengo!

¡**Qué** + adverbio (+ verbo)!
• ¡**Qué** bien!
• ¡**Qué** mal!
• ¡**Qué** mal escribe!
• ¡**Qué** pronto es!

USOS: Las exclamaciones sirven para valorar positiva o negativamente algo o a alguien, expresar sorpresa, admiración, desagrado o contrariedad.